LE BARBIER
DE SÉVILLE,
OU LA
PRÉCAUTION INUTILE,
COMEDIE
EN QUATRE ACTES ET EN PROSE,

PAR M. DE BEAUMARCHAIS.

REPRÉSENTÉE & tombée sur le Théâtre de la Comédie Française aux Tuilleries, le 23 de Février 1775.

==

...... Et j'étois Pere, & je ne pus mourir !
ZAïre, *Acte II.*

==

A PARIS,

Chez DELALAIN, rue & à côté de la Comédie
Française.

M. DCC. LXXVII.

3

PERSONNAGES.

(Les habits des Acteurs doivent être dans l'ancien costume Espagnol.)

LE COMTE ALMAVIVA, *Grand d'Espagne amant inconnu de Rosine, paroît, au premier Acte, en veste & culotte de satin ; il est enveloppé d'un grand manteau brun, ou cape espagnole ; chapeau noir rabattu avec un ruban de couleur autour de la forme. Au second Acte, en habit uniforme de Cavalier, avec des moustaches & des bottines. Au troisieme, habillé en Bachelier ; cheveux ronds ; grande fraise au cou ; veste, culotte, bas & manteau d'Abbé. Au quatrieme Acte, il est vêtu superbement à l'espagnole avec un riche manteau ; par-dessus tout, le large manteau brun dont il se tient enveloppé.*

BARTHOLO, *Médecin, Tuteur de Rosine : habit noir, court, boutonné ; grande perruque ; fraise & manchettes relevées ; une ceinture noire; & quand il veut sortir de chez lui, un long manteau écarlate.*

ROSINE, *jeune personne d'extraction noble, & Pupille de Bartholo, habillée à l'Espagnole.*

FIGARO, *Barbier de Séville : en habit de majo Espagnol. La tête couverte d'une rescille, ou filet ; chapeau blanc, ruban de couleur, autour de la forme ; un fichu de soie, attaché fort lâche à son cou ; gilet & haut de chausse de satin, avec des boutons & boutonnieres frangés d'argent ; une grande ceinture de soie ; les jarretieres nouées avec des glands qui pendent sur chaque jambe ; veste de couleur tranchante, à grands revers de la couleur du gilet ; bas blancs & souliers gris.*

DOM BAZILE, *Organiste, Maître à chanter de Rosine, chapeau noir rabattu, soutanelle & long manteau, sans fraise ni manchettes.*

LA JEUNESSE, *vieux Domestique de Bartholo.*

L'ÉVEILLÉ, *autre Valet de Bartholo, garçon niais & endormi. Tous deux habillés en Galiciens ; tous les cheveux dans la queue ; gilet couleur de chamois ; large ceinture de peau avec une boucle, culotte bleue & veste de même, dont les manches, ouvertes aux épaules pour le passage des bras, sont pendantes par derriere.*

UN NOTAIRE.

UN ALCADE. *Homme de Justice, avec une longue baguette blanche à la main.*

PLUSIEURS ALGUASILS & VALETS *avec des flambeaux.*

La Scene est à Séville, dans la rue & sous les fenêtres de Rosine, au premier Acte ; & le reste de la Piece dans la maison du Docteur Bartholo.

LETTRE MODÉRÉE.

Sur la Chute & la Critique du BARBIER DE SÉVILLE

L'AUTEUR, vêtu modeſtement & courbé, préſentant ſa Piece au Lecteur.

MONSIEUR,

J'ai l'honneur de vous offrir un nouvel Opuſcule de ma façon. Je ſouhaite vous rencontrer dans un de ces momens heureux, où, dégagé de ſoins ; content de votre ſanté, de vos affaires, de votre Maîtreſſe, de votre diner, de votre eſtomac, vous puiſſiez vous plaire un moment à la lecture de mon *Barbier de Séville* ; car il faut tout cela pour être homme amuſable & Lecteur indulgent.

Mais ſi quelque accident a dérangé votre ſanté, ſi votre état eſt compromis, ſi votre Belle a forfait à ſes ſermens, ſi votre diner fut mauvais, ou votre digeſtion laborieuſe ; ah ! laiſſez mon *Barbier* ; ce n'eſt pas là l'inſtant ; examinez l'état de vos dépenſes, étudiez le *Factum* de votre Adverſaire, reliſez ce traître billet ſurpris à Roſe, ou parcourez les chefs-d'œuvres de Tiſſot ſur la tempérance, & faites des réflexions politiques, économiques, diététiques, philoſophiques ou morales.

Ou ſi votre état eſt tel qu'il vous faille abſolument l'oublier ; enfoncez-vous dans une Bergere, ouvrez le Journal établi dans Bouillon avec Encyclopédie, Approbation & Privilege, & dormez vîte une heure ou deux.

Quel charme auroit une production légere au milieu des plus noires vapeurs ? Et que vous importe en effet ſi Figaro le Barbier s'eſt bien moqué de Bartholo le Médecin, en aidant un Rival à lui ſouffler ſa Maîtreſſe ? On rit peu de la gaieté d'autrui, quand on a de l'humeur pour ſon propre compte.

Que vous fait encore ſi ce Barbier Eſpagnol, en arrivant dans Paris, eſſuya quelques traverſes, & ſi la prohibition de ſes exercices a donné trop d'importance aux revêries de mon bonnet ? On ne s'intéreſſe gueres aux affaires des autres, que lorſqu'on eſt ſans inquiétude ſur les ſiennes.

Mais enfin tout va-t-il bien pour vous ? Avez-vous à ſouhait double eſtomac, bon Cuiſinier, Maîtreſſe honnête, & repos imperturbable ? Ah ! parlons, parlons : Donnez audience à mon *Barbier*.

Je ſens trop, Monſieur, que ce n'eſt plus le temps, où, tenant mon manuſcrit en réſerve ; & ſemblable à la Coquette qui refuſe ſouvent ce qu'elle brûle toujours d'accorder, j'en faiſois quelque avare lecture à des Gens préférés, qui croyoient devoir payer ma complaiſance par un éloge pompeux de mon Ouvrage.

O jours heureux ! Le lieu, le temps, l'auditoire à ma dévotion, & la magie d'une lecture adroite aſſurant mon ſuccès, je gliſſois ſur le morceau foible en appuyant les bons endroits : puis recueillant les ſuffrages du coin de l'œil, avec une orgueilleuſe modeſtie, je jouïſſois d'un triomphe d'autant plus doux, que le jeu d'un fripon d'Acteur ne m'en déroboit pas les trois quarts pour ſon compte.

Que reſte-t-il hélas ! de toute cette gibeciere ? A l'inſtant qu'il faudroit des miracles pour vous ſubjuguer ; quand la verge de Moïſe y ſuffiroit à peine, je n'ai plus même la reſſource du bâton de Jacob; plus d'eſcamotage, de tricherie, de coquetterie, d'inflexions de voix, d'illuſion théâtrale, rien. C'eſt ma vertu toute nue que vous allez juger.

· Ne trouvez donc pas étrange, Monſieur, ſi, meſurant mon ſtyle à ma ſituation, je ne fais pas comme ces Ecrivains qui ſe donnent le ton de vous appeler, négligemment, *Lecteur, ami Lecteur*, *cher Lecteur, bénin ou Bénoiſt Lecteur*, ou de telle autre dénomination cavaliere, je dirois même indécente, par laquelle ces imprudens eſſayent de ſe mettre au pair avec leur Juge, & qui ne fait bien ſouvent que leur en attirer l'animadverſion. J'ai toujours vu que les airs ne ſéduiſoient perſonne, & que le ton modeſte d'un Auteur pouvoit ſeul inſpirer un peu d'indulgence à ſon fier Lecteur.

Eh! quel Ecrivain en eut jamais plus beſoin que moi! Je voudrois le cacher en vain: j'eus la foibleſſe autrefois, Monſieur, de vous préſenter, en différens tems, deux triſtes Drames; productions monſtrueuſes, comme on ſait! Car entre la Tragédie & la Comédie, on n'ignore plus qu'il n'exiſte rien; c'eſt un point décidé, le Maître l'a dit, l'Ecole en retentit, & pour moi j'en ſuis tellement convaincu, que, ſi je voulois aujourd'hui mettre au Théâtre une mere éplorée, une épouſe trahie, une ſœur éperdue, un fils déshérité; pour les préſenter décemment au Public, je commencerois par leur ſuppoſer un beau Royaume où ils auroient régné de leur mieux, vers l'un des Archipels, ou dans tel autre coin du monde; Certain après cela, que l'invraiſemblance du Roman, l'énormité des faits, l'enflure des caracteres, le gigantesque des idées, & la bouffiſſure du langage, loin de m'être imputés à reproche, aſſureroient encore mon ſuccès.

Préſenter des hommes d'une condition moyenne, accablés & dans le malheur! Fi donc! On ne doit jamais les montrer que baffoués. Les Citoyens ridicules, & les Rois malheureux; voilà tout le Théâtre exiſtant & poſſible; & je me le tiens pour dit; c'eſt fait; je ne veux plus quereller avec perſonne.

J'ai donc eu la foibleſſe autrefois, Monſieur, de faire des Drames qui n'étoient pas *du bon genre*; & je m'en repens beaucoup.

Preſſé depuis par les événemens, j'ai haſardé de malheureux Mémoires, que mes ennemis n'ont pas trouvé *du bon ſtyle*; & j'en ai le remords cruel.

Aujourd'hui je fais gliſſer ſous vos yeux une Comédie fort gaie, que certains Maîtres de goût n'eſtiment pas *du bon ton;* & je ne m'en conſole point.

Peut être un jour oſerai je affliger votre oreille d'un Opéra, dont les jeunes gens d'autrefois diront que la muſique n'eſt pas *du bon Français;* & j'en ſuis tout honteux d'avance.

Ainſi de fautes en pardons, & d'erreurs en excuſes, je paſſerai ma vie à mériter votre indulgence, par la bonne-foi naïve avec laquelle je reconnoîtrai les unes en vous préſentant les autres.

Quant au *Barbier de Séville*; ce n'eſt pas pour corrompre votre jugement que je prends ici le ton reſpectueux: mais on m'a fort aſſuré que, lorſqu'un Auteur étoit ſorti, quoiqu'échiné, vainqueur au Théâtre, il ne lui manquoit plus que d'être agréé par vous, Monſieur, & lacéré dans quelques Journaux, pour avoir obtenu tous les lauriers littéraires.

Ma gloire eſt donc certaine, ſi vous daignez m'accorder le laurier de votre agrément ; perſuadé que pluſieurs de Meſſieurs les Journaliſtes ne me refuſeront pas celui de leur dénigrement. Déjà l'un deux, établi dans Bouillon avec Approbation & Privilege, m'a fait l'honneur encyclopédique d'aſſurer à ſes Abonnés que ma Piece étoit ſans plan, ſans unité, ſans caracteres, vuide d'intrigue & dénuée de comique.

Un autre plus naïf encore, à la vérité ſans Approbation, ſans Privilege, & même ſans Encyclopédie, après un candide expoſé de mon Drame, ajoute au laurier de ſa critique, cet éloge flatteur de ma perſonne. ʺ La réputation du ſieur de Beaumarchais eſt bien tombée ; & ʺ les honnêtes gens ſont enfin convaincus que lorſqu'on lui aura arʺ raché les plumes du paon, il ne reſtera plus qu'un vilain corbeau ʺ noir, avec ſon effronterie & ſa voracité.

Puiſqu'en effet j'ai eu l'effronterie de faire la Comédie du *Barbier de Séville* ; pour remplir l'horoſcope entier, je pouſſerai la voracité juſqu'à vous prier humblement, Monſieur, de me juger vous-même, & ſans égard aux Critiques paſſés, préſens & futurs : car vous ſavez que, par état, les Gens de Feuilles ſont ſouvent ennemis des Gens de Lettres ; j'aurai même la voracité de vous prévenir qu'étant ſaiſi de mon affaire, il faut que vous ſoyez mon Juge abſolument, ſoit que vous le vouliez ou non ; car vous êtes mon Lecteur.

Et vous ſentez bien, Monſieur, que ſi, pour éviter ce tracas, ou me prouver que je raiſonne mal, vous refuſiez conſtamment de me lire ; vous feriez vous-même une pétition de principes au-deſſous de vos lumieres : n'étant pas mon Lecteur, vous ne ſeriez pas celui à qui s'adreſſe ma requête.

Que ſi, par dépit de la dépendance où je parois vous mettre, vous vous aviſiez de jetter le Livre en cet inſtant de votre lecture ; c'eſt, Monſieur, comme ſi, au milieu de tout autre jugement, vous étiez enlevé du Tribunal par la mort ou tel accident qui vous rayât du nombre des Magiſtrats. Vous ne pouvez éviter de me juger qu'en devenant nul, négatif, anéanti ; qu'en ceſſant d'exiſter en qualité de mon Lecteur.

Eh ! quel tort vous fais-je en vous élevant au-deſſus de moi ? Après le bonheur de commander aux hommes, le plus grand honneur, Monſieur, n'eſt-il pas de les juger ?

Voilà donc qui eſt arrangé. Je ne reconnois plus d'autre Juge que vous ; ſans excepter Meſſieurs les Spectateurs, qui, ne jugeant qu'en premier reſſort, voient ſouvent leur ſentence infirmée à votre Tribunal.

L'affaire avoit d'abord été plaidée devant eux au Théâtre, & ces Meſſieurs ayant beaucoup ri, j'ai pu penſer que j'avois gagné ma Cauſe à l'Audience. Point du tout ; le Journaliſte, établi dans Bouillon, prétend que c'eſt de moi qu'on a ri. Mais ce n'eſt là, Monſieur comme on dit en ſtyle de Palais, qu'une mauvaiſe chicane de Procureur : mon but ayant été d'amuſer les Spectateurs ; qu'ils aient ri de ma Piece ou de moi ; s'ils ont ri de bon cœur, le but eſt également rempli : ce que j'appelle avoir gagné ma Cauſe à l'Audience.

Le même Journaliſte aſſure encore, ou du moins laiſſe entendre, que j'ai voulu gagner quelques-uns de ces Meſſieurs, en leur faiſant des lectures particulieres, en achetant d'avance leur ſuffrage par cette prédilection. Mais ce n'eſt encore-là, Monſieur, qu'une difficulté de Publi-

cifte Allemand. Il eft manifefte que mon intention n'a jamais été que
de les inftruire : c'étoit des efpeces de Confultations que je faifois fur
le fond de l'affaire. Que fi les Confultans, après avoir donné leur avis,
fe font mêlés parmi les Juges ; vous voyez bien, Monfieur, que je n'y
pouvois rien de ma part, & que c'étoit à eux de fe récufer par délica-
teffe, s'ils fe fentoient de la partialité pour mon Barbier Andaloux.

Eh ! plût au Ciel qu'ils en euffent un peu confervé pour ce jeune
Etranger ! Nous aurions eu moins de peine à foutenir notre malheur
éphémere ! Tels font les hommes : avez-vous du fuccès ; ils vous ac-
cueillent, vous portent, vous careffent, ils s'honorent de vous : mais
gardez de broncher : au moindre échec. O mes amis ! Souvenez-vous
qu'il n'eft plus d'amis.

Et c'eft précifément ce qui nous arriva le lendemain de la plus trifte
foirée. Vous euffiez vu les foibles amis du Barbier fe difperfer, fe cacher le vifage ou s'enfuir ; les femmes, toujours fi braves quand elles
protegent, enfoncées dans les coqueluchons jufqu'aux panaches & baiffant des yeux confus ; les hommes courant fe vifiter, fe faire amende-
honorable du bien qu'ils avoient dit de ma Piece, & rejettant fur ma
maudite façon de lire les chofes tout le faux plaifir qu'ils y avoient
goûté. C'étoit une défertion totale, une vraie défolation.

Les uns lorgnoient à gauche, en me fentant paffer à droite, & ne
faifoient plus femblant de me voir : Ah Dieux ! D'autres plus coura-
geux, mais s'affurant bien fi perfonne ne les regardoit, m'attiroient dans
un coin pour me dire : Eh ! Comment avez-vous produit en nous cette
illufion ? Car il faut en convenir, mon Ami, votre Piece eft la plus
grande platitude du monde.

— Hélas Meffieurs ! J'ai lu ma platitude, en vérité, tout platement
comme je l'avois faite ; mais, au nom de la bonté que vous avez de
me parler encore après ma chûte, & pour l'honneur de votre fecond
jugement, ne fouffrez pas qu'on redonne la Piece au Théâtre ; fi, par
malheur on venoit à la jouer comme je l'ai lue, on vous feroit peut-être
une nouvelle tromperie, & vous vous en prendiez à moi de ne plus favoir quel jour vous eutes raifon ou tort ; ce qu'à Dieu ne plaife !

On ne m'en crut point ; on laiffa rejouer la Piece, & pour le coup
je fus Prophete en mon pays. Ce pauvre Figaro, *feffé* par la cabale *en
faux bourdon* & prefque enterré le vendredi, ne fit point comme Candide, il prit courage, & mon Héros fe releva le dimanche avec une vi-
gueur que l'auftérité d'un carême entier, & la fatigue de dix fept féan-
ces publiques n'ont pas encore altérée. Mais qui fait combien cela durera ? Je ne voudrois pas jurer qu'il en fût feulement queftion dans cinq
ou fix fiecles ; tant notre Nation eft inconfiftante & légere.

Les Ouvrages de Théâtre, Monfieur, font comme les enfans des
hommes. Conçus avec volupté, menés à terme avec fatigue, enfantés
avec douleur, & vivant rarement affez pour payer les parens de leurs
foins, ils coûtent plus de chagrins qu'ils ne donnent de plaifirs. Suivez
les dans leur carriere ; à peine ils voient le jour, que, fous prétexte
d'enflure, on leur applique les Cenfeurs ; plufieurs en font reftés
en chartre. Au lieu de jouer doucement avec eux ; le cruel Parterre
les rudoye & les fait tomber. Souvent en les berçant, le Comédien
les eftropie. Les perdez-vous un inftant de vue ; on les retrouve,

hélas ! Traînant par tout, mais dépenaillés, défigurés, rongés d'Extraits, & couverts de Critiques. Echappé à tant de maux, s'ils brillent un moment dans le monde ; le plus grand de tous les atteint, le mortel oubli les tue ; ils meurent, & replongés au néant, les voilà perdus à jamais dans l'immensité des Livres.

Je demandois à quelqu'un pourquoi ces combats, cette guerre animée entre le Parterre & l'Auteur, à la premiere représentation des Ouvrages, même de ceux qui devoient plaire un autre jour. Ignorez-vous, me dit-il, que Sophocle & le vieux Denis sont morts de joie d'avoir remporté le prix des Vers au Théâtre ? Nous aimons trop nos Auteurs pour souffrir qu'un excès de joie nous prive d'eux, en les étouffant : aussi pour les conserver, avons nous grand soin que leur triomphe ne soit jamais si pur, qu'ils puissent en expirer de plaisir.

Quoiqu'il en soit des motifs de cette rigueur ; l'enfant de mes loisirs, ce jeune, cet innocent *Barbier* tant dédaigné le premier jour, loin d'abuser le surlendemain, de son triomphe, ou de montrer de l'humeur à ses Critiques, ne s'en est que plus empressé de les désarmer par l'enjouement de son caractere.

Exemple rare & frappant, Monsieur ! dans un siecle d'Ergotisme où l'on calcule tout jusqu'au rire ; où la plus légere diversité d'opinions fait germer des haines éternelles ; où tous les jeux tournent en guerre ; où l'injure qui repousse l'injure, est à son tour payée par l'injure, jusqu'à ce qu'une autre effaçant cette derniere, en enfante une nouvelle, auteur de plusieurs autres, & propage ainsi l'aigreur à l'infini, depuis le rire jusqu'à la satieté, jusqu'au dégoût, à l'indignation même du Lecteur le plus caustique.

Quant à moi, Monsieur ; s'il est vrai, comme on l'a dit, que tous les hommes soient freres ; & c'est une belle idée ; je voudrois qu'on pût engager nos freres les Gens de Lettres à laisser, en discutant, le ton rogue & tranchant à nos freres les Libellistes qui s'en acquittent si bien ! Ainsi que les injures à nos freres les Plaideurs.... qui ne s'en acquittent pas mal non plus ! Je voudrois sur-tout, qu'on pût engager nos freres les Journalistes à renoncer à ce ton pédagogue & magistral avec lequel ils gourmandent les fils d'Apollon, & font rire la sottise aux dépens de l'Esprit.

Ouvrez un Journal : ne semble-t-il pas voir un dur Répétiteur, la férule ou la verge levée sur des Ecoliers négligens, les traiter en esclaves au plus léger défaut dans le devoir ? Eh, mes freres ! Il s'agit bien de devoir ici ! La Littérature en est le délassement & la douce récréation !

A mon égard au moins, n'espérez pas asservir dans ses jeux, mon esprit à la regle : il est incorrigible ; &, la classe du devoir une fois fermée, il devient si léger & badin que je ne puis que jouer avec lui. Comme un liege emplumé qui bondit sur la raquette, il s'éleve, il retombe, égaye mes yeux, repart en l'air, y fait la roue, & revient encore. Si quelque Joueur adroit veut entrer en partie & balotter à nous deux le léger volant de mes pensées ; de tout mon cœur : s'il riposte avec grace & légéreté, le jeu m'amuse, & la partie s'engage. Alors on pourroit voir les coups portés, parés, reçus, rendus, accélérés, pressés, relevés même avec une presse, une agilité, propre à réjouir autant les Spectateurs, qu'elle animeroit les Acteurs.

Telle au moins, Monsieur, devroit être la critique ; & c'est ainsi que j'ai toujours conçu la difpute entre les Gens polis qui cultivent les Lettres.

Voyons, je vous prie, fi le Journalifte de Bouillon a confervé dans fa Critique ce caractere aimable & fur-tout de candeur pour lequel on vient de faire des vœux.

La Piece eft une Farce, dit-il.

Paffons fur les qualités. Le méchant nom qu'un Cuifinier étranger donne aux ragoûts françois ne change rien à leur faveur. C'eft en paffant par fes mains qu'ils fe dénaturent. Analyfons la Farce de Bouillon.

La Piece, a-t-il dit, n'a pas de plan.

Eft-ce parce qu'il eft trop fimple qu'il échappe à la fagacité de ce Critique adolefcent !

Un Vieillard amoureux prétend époufer demain fa Pupille : un jeune Amant plus adroit le prévient ; & ce jour même, en fait fa femme à la barbe & dans la maifon du Tuteur. Voilà le fond, dont on eût pu faire avec un égal fuccès, une Tragédie, une Comédie, un Drame, un Opéra, & cætera. L'*Avare* de Moliere eft-il autre chofe ! Le *Grand Mithridate* eft-il autre chofe ? Le Genre d'une Piece, comme celui de toute autre action, dépend moins du fond des chofes que des caracteres qui les mettent en œuvre.

Quant à moi, ne voulant faire, fur ce plan, qu'une Piece amufante & fans fatigue, une efpece d'*Imbroille*, il m'a fuffi que le Machinifte, au lieu d'être un noir fcélérat, fût un drôle de garçon, un homme infouciant, qui rit également du fuccès & dè la chûte de fes entreprifes, pour que l'ouvrage, loin de tourner en Drame férieux, devînt une Comédie fort gaie : & de cela feul que le Tuteur eft un peu moins fot que tous ceux qu'on trompe au Théâtre, il eft réfulté beaucoup de mouvement dans la Piece, & fur-tout la néceffité d'y donner plus de reffort aux intrigans.

Au lieu de refter dans ma fimplicité comique, fi j'avois voulu compliquer, étendre & tourmenter mon plan à la maniere tragique ou *dramatique* ; imagine-t-on que j'aurois manqué de moyens dans une aventure dont je n'ai mis en Scenes que la partie la moins merveilleufe ?

En effet, perfonne aujourd'hui n'ignore qu'à l'époque hiftorique où la Piece finit gaiement dans mes mains, la querelle commença férieufement à s'échauffer, comme qui diroit derriere la toile, entre le Docteur & Figaro, fur les cent écus. Des injures on en vint aux coups. Le Docteur, étrillé par Figaro ; fit tomber en fe débattant le refcille ou filet qui coiffoit le Barbier, & l'on vit, non fans furprife, une forme de fpatule imprimée à chaud fur fa tête rafée. Suivez-moi, Monfieur, je vous prie.

A cet afpect, moulu de coups qu'il eft, le Médecin s'écrie avec tranfport : mon fils ! ô ciel, mon fils ! mon cher fils !... Mais avant que Figaro l'entende, il a redoublé de horions fur fon cher pere. En effet ce l'étoit.

Ce Figaro, qui pour toute famille avoit jadis connu fa mere, & fils naturel de Bartholo. Le Médecin dans fa jeuneffe, eut cet enfant d'une perfonne en condition, que les fuites de fon imprudence firent paffer du fervice au plus affreux abandon.

Mais avant de les quitter, le défolé Bartholo, Frater alors, a fait rougir fa fpatule, il en a timbré fon fils à l'occiput, pour le reconnoître un jour, fi jamais le fort les raffemble. La mere & l'enfant avoient

paffé

paſſé ſix années dans une honorable mendicité ; lorſqu'un Chef de Bo¤
hémiens, deſcendu de Luc Gauric, traverſant l'Andalouſie avec ſa Trou-
pe , & conſulté par la mere ſur le deſtin de ſon fils, déroba l'enfant
furtivement , & laiſſa par écrit cet horoſcope à ſa place.

> Après avoir verſé le ſang dont il eſt né.
> Ton Fils aſſommera ſon Pere infortuné :
> Puis tournant ſur lui-même & le fer & le crime,
> Il ſe frappe , & devient heureux & légitime.

En changeant d'état ſans le ſavoir, l'infortuné jeune homme a changé
de nom ſans le vouloir : il s'eſt élevé ſous celui de Figaro : il a vécu.
Sa mere eſt cette Marceline, devenue vieille & gouvernante chez le
Docteur, que l'affreux horoſcope de ſon fils a conſolé de ſa perte. Mais
aujourd'hui tout s'accomplit.

En ſaignant Marceline au pied, comme on le voit dans ma Piece, ou
plutôt comme on ne l'y voit pas, Figaro remplit le premier Vers.

> Après avoir verſé le ſang dont il eſt né,

Quand il étrille innocemment le Docteur, après la toile tombée,
il accomplit le ſecond Vers.

> Ton Fils aſſommera ſon pere infortuné.

A l'inſtant la plus touchante reconnoiſſance a lieu entre le Médecin,
la Vieille & Figaro : *C'eſt vous ! c'eſt lui ! c'eſt toi ! c'eſt moi !* Quel coup
de Théâtre ! Mais le fils au déſeſpoir de ſon innocente vivacité, fond
en larmes , & ſe donne un coup de raſoir ; ſelon le ſens du 3me. Vers.

> Puis tournant ſur lui-même & le fer & le crime,
> Il ſe frappe & ......

Quel tableau ! en n'expliquant point ſi, du raſoir, il ſe coupe la
gorge ou ſeulement le poil du viſage , on voit que j'avois le choix de
finir ma Piece au plus grand pathétique. Enfin le Docteur épouſe la
vieille ; & Figaro , ſuivant la derniere leçon......

> .... Devient heureux & légitime.

Quel dénoûment ! Il ne m'en eût coûté qu'un ſixieme Acte. Eh quel
ſixieme Acte ! Jamais Tragédie au Théâtre François.., ... Il ſuffit. Reprenons ma Piece en l'état où elle a été jouée & critiquée. Lorſqu'on
me reproche avec aigreur ce que j'ai fait ; ce n'eſt pas l'inſtant de louer
ce que j'aurois pu faire.

La Piece eſt invraiſemblable dans ſa conduite, a dit encore le Journaliſte établi dans Bouillon avec Approbation & Privilege.

—Invraiſemblable ? Examinons cela par plaiſir.

Son Excellence M. le Comte Almaviva, dont j'ai, depuis long-tems,
l'honneur d'être ami particulier, eſt un jeune Seigneur, ou pour mieux
dire, étoit, car l'âge & les grands emplois en ont fait depuis un homme
fort grave, ainſi que je le ſuis devenu moi-même. Son Excellence étoit
donc un jeune Seigneur Eſpagnol, vif, ardent, comme tous les Amans
de ſa Nation, que l'on croit froide , & qui n'eſt que pareſſeuſe.

Il s'étoit mis ſecrétement à la pourſuite d'une belle perſonne qu'il
avoit entrevue à Madrid, & que ſon Tuteur a bientôt ramenée au lieu
de ſa naiſſance. Un matin qu'il ſe promenoit ſous ſes fenêtres à Séville,
où depuis huit jours il cherchoit à s'en faire remarquer, le haſard con-
duiſit au même endroit Figaro le Barbier. Ah le haſard ! dira mon
Critique : & ſi le haſard n'eût pas conduit ce jour-là le Barbier dans
cet endroit, que devenoit la Piece ? —Elle eût commencé, mon Frere,
à quelqu'autre époque. Impoſſible ; puiſque le Tuteur, ſelon vous-

B

même, époufoit le lendemain. Alors il n'y auroit pas eu de Piece, ou, s'il y en avoit eu, mon Frere, elle auroit été différente. Une chofe eft-elle invraifemblable, parce qu'elle étoit poffible autrement ?

Réellement vous avez un peu d'humeur. Quand le Cardinal de Retz nous dit froidement : Un jour j'avois befoin d'un homme ; à la vérité je ne voulois qu'un fantôme ; j'aurois defiré qu'il fût petit-fils d'Henri le Grand ; qu'il eût de longs cheveux blonds ; qu'il fût beau, bien fait, bien féditieux ; qu'il eût le langage & l'amour des Halles ; & voilà que le hafard me fait rencontrer à Paris M. de Beaufort, échappé de la prifon du Roi ; c'étoit juftement l'homme qu'il me falloit. Va-t-on dire au Coadjuteur : Ah ! Le hafard ! mais fi vous n'euffiez pas rencontré M. de Beaufort ! Mais ceci ; mais cela ?...

Le hafard donc, conduifit en ce même endroit, Figaro le Barbier, beau difeur, mauvais Poëte, hardi Muficien, grand fringueneur de guittarre, & jadis Valet-de-Chambre du Comte ; établi dans Séville, y faifant avec fuccès des barbes, des Romances, & des mariages ; y maniant également le fer du Plébotôme, & le pifton du Pharmacien ; la terreur des maris, la coqueluche des femmes, & juftement l'homme qu'il nous falloit. Et comme en toute recherche, ce qu'on nomme paffion n'eft autre chofe qu'un defir irrité par la contradiction ; le jeune Amant, qui n'eût peut-être eu qu'un goût de fantaifie pour cette beauté, s'il l'eût rencontrée dans le monde, en devient amoureux, parce qu'elle eft enfermée, au point de faire l'impoffible pour l'époufer.

Mais vous donner ici l'extrait entier de la Piece, Monfieur, feroit douter de la fagacité, de l'adreffe avec laquelle vous faifirez le deffein de l'Auteur, & fuivrez le fil de l'intrigue en la lifant. Moins prévenu que le Journal de Bouillon, qui fe trompe avec Approbation & Privilege fur toute la conduite de cette Piece, vous y verrez que *tous les foins de l'Amant* ne font pas *deftinés à remettre fimplement une lettre*, qui n'eft là qu'un léger acceffoire à l'intrigue ; mais bien à s'établir dans un fort défendu par la vigilance & le foupçon ; fur-tout à tromper un homme, qui, fans ceffe éventant la manœuvre, oblige l'ennemi de fe retourner affez leftement, pour n'être pas défarçonné d'emblée.

Et lorfque vous verrez que tout le mérite du dénoûment confifte en ce que le Tuteur a fermé fa porte, en donnant fon paffe-par-tout à Bazile, pour que lui feul & le Notaire puffent entrer & conclure fon mariage ; vous ne laifferez pas d'être étonné, qu'un Critique auffi équitable fe joue de la confiance de fon Lecteur, ou fe trompe, au point d'écrire, & dans Bouillon encore : *Le Comte s'eft donné la peine de monter au balcon par une échelle avec Figaro, quoique la porte ne foit pas fermée.*

Enfin, lorfque vous verrez le malheureux Tuteur abufé par toutes les précautions qu'il prend pour ne point l'être, à la fin forcé de figner au contrat du Comte, & d'approuver ce qu'il n'a pu prévenir ; vous laifferez au Critique à décider fi ce Tuteur étoit un *imbécille*, de ne pas déviner une intrigue dont on lui cachoit tout ; lorfque lui Critique, à qui l'on ne cachoit rien, ne l'a pas dévinée plus que le Tuteur.

En effet, s'il l'eût bien conçue, auroit-il manqué de louer tous les beaux endroits de l'Ouvrage ?

Qu'il n'ait point remarqué la maniere dont le premier Acte annonce & déploie avec gaieté tous les caracteres de la Piece. On peut lui pardonner.

Qu'il n'ait pas apperçu quelque peu de Comédie dans la grande Scene du second Acte, où, malgré la défiance & la fureur du Jaloux, la Pupille parvient à lui donner le change sur une lettre remise en sa présence, & à lui faire demander pardon à genoux du soupçon qu'il a montré. Je le conçois encore aisément.

Qu'il n'ait pas dit un seul mot de la Scene de stupéfaction de Bazile, au troisieme Acte, qui a paru si neuve au Théâtre, & a tant réjoui les Spectateurs. Je n'en suis point surpris du tout.

Passe encore qu'il n'ait pas entrevu l'embarras où l'Auteur s'est jetté volontairement au dernier Acte, en faisant avouer par la Pupille à son Tuteur, que le Comte avoit dérobé la clef de la jalousie ; & comment l'Auteur s'en démêle en deux mots, & sort en se jouant, de la nouvelle inquiétude qu'il a imprimée au Spectateur. C'est peu de chose en vérité.

Je veux bien qu'il ne lui soit pas venu à l'esprit, que la Piece, une des plus gaies qui soient au Théâtre, est écrite sans la moindre équivoque, sans une pensée, un seul mot dont la pudeur, même des petites Loges, ait à s'alarmer, ce qui pourtant est bien quelque chose, Monsieur, dans un siecle où l'hypocrisie de la décence est poussée presque aussi loin que le relâchement des mœurs. Très-volontiers. Tout cela sans doute pouvoit n'être pas digne de l'attention d'un Critique aussi majeur.

Mais comment n'a-t-il pas admiré ce que tous les honnêtes gens n'ont pu voir sans répandre des larmes de tendresse & de plaisir ? je veux dire, la piété filiale de ce bon Figaro, qui ne sauroit oublier sa mere !

Tu connois donc ce Tuteur ? Lui dit le Comte au premier Acte. *Comme ma mere*, répond Figaro. Un avare auroit dit : *Comme mes poches*. Un Petit-Maître eût répondu : *Comme moi-même*. Un ambitieux : *Comme le chemin de Versailles* ; & le Journaliste de Bouillon : *Comme mon Libraire* : les comparaisons de chacun se tirant toujours de l'objet intéressant. *Comme ma mere*, a dit le fils tendre & respectueux !

Dans un autre endroit encore. *Ah ! vous êtes charmant !* lui dit le Tuteur. Et ce bon, cet honnête Garçon, qui pouvoit gaiement assimiler cet éloge à tous ceux qu'il a reçu de ses Maîtresses, en revient toujours à sa bonne mere, & répond à ce mot : *Vous êtes charmant ! — Il est vrai, Monsieur, que ma mere me l'a dit autrefois.* Et le Journal de Bouillon ne releve point de pareils traits ! Il faut avoir le cerveau bien desseché pour ne les pas voir, ou le cœur bien dur pour ne pas les sentir !

Sans compter mille autres finesses de l'Art répandues à pleines mains dans cet Ouvrage. Par exemple, on sait que les Comédiens ont multiplié chez eux les emplois à l'infini : emplois de grande, moyenne & petite Amoureuse ; emplois de grands, moyens & petits Valets ; emplois de Niais, d'Important, de Croquant, de Paysan, de Tabellion, de Bailly ! mais on sait qu'ils n'ont pas encore appointé celui de Bâillant. Qu'a fait l'Auteur pour former un Comédien, peu exercé au talent d'ouvrir largement la bouche au Théâtre ? Il s'est donné le soin de lui rassembler dans une seule phrase, toutes les syllabes bâillantes du françois : *Rien... qu'en... l'en... en... ten... dant.. parler* : syllabes en effet qui feroient bâiller un mort, & parviendroient à desserrer les dents même de l'envie !

Et cet endroit admirable où, pressé par les reproches du Tuteur qui lui crie : *Que direz-vous à ce malheureux qui baille & dort tout éveillé ? Et l'autre, qui depuis trois heures éternue à se faire sauter le crâne &*

jaillir la cervelle, que leur direz - vous ? Le naïf Barbier répond : *Eh parbleu ! je dirai à celui qui éternue, Dieu vous bénisse ; & va te coucher à celui qui dort.* Réponse en effet si juste, si chrétienne & si admirable, qu'un de ces fiers Critiques, qui ont leurs entrées au Paradis, n'a pu s'empêcher de s'écrier : » Diable, l'Auteur a dû rester au moins huit » jours à trouver cette réplique !

Et le Journal de Bouillon, au lieu de louer ces beautés sans nombre, use encre & papier, Approbation & Privilege, à mettre un pareil Ouvrage au-dessous même de la critique ! On me couperoit le cou, Monsieur, que je ne saurois m'en taire.

N'a-t-il pas été jusqu'à dire, le Cruel ! *Que pour ne pas voir expirer ce Barbier sur le Théâtre, il a fallu le mutiler, le changer, le refondre, l'élaguer, le réduire en quatre Actes, & le purger d'un grand nombre de pasquinades, de calembourgs, de jeux de mots, en un mot de bas comique ?*

A le voir ainsi frapper comme un sourd, on juge assez qu'il n'a pas entendu le premier mot de l'Ouvrage qu'il décompose. Mais j'ai l'honneur d'assurer ce Journaliste, ainsi que le jeune homme qui lui taille ses plumes & ses morceaux, que loin d'avoir purgé la piece d'aucuns des *calembourgs, jeux de mots,* &c. qui lui eussent nui le premier jour, l'Auteur a fait rentrer dans les Actes restés au Théâtre, tout ce qu'il en a pu reprendre à l'Acte au porte-feuille : tel un Charpentier économe cherche dans ses copeaux épars sur le chantier, tout ce qui peut servir à cheviller & boucher les moindres trous de son ouvrage.

Passerons-nous sous silence le reproche aigu qu'il fait à la jeune personne, d'avoir *tous les defauts d'une fille mal élevée ?* Il est vrai, que, pour échapper aux conséquences d'une telle imputation, il tente à la rejetter sur autrui, comme s'il n'en étoit pas l'Auteur, en employant cette expression banale : *On trouve à la jeune personne,* &c. On trouve !...

Que vouloit-il donc qu'elle fît ? Quoi ? Qu'au lieu de se prêter aux vues d'un jeune Amant très-aimable, & qui se trouve un homme de qualité, notre charmante enfant épousât le vieux podagre Médecin ? Le noble établissement qu'il lui destinoit-là ! & parce qu'on n'est pas de l'avis de Monsieur, on *a tous les défauts d'une fille mal élevée !*

En vérité, si le Journal de Bouillon se fait des amis en France par la justesse & la candeur de ses critiques, il faut avouer qu'il en aura beaucoup moins au-delà des Pyrénées, & qu'il est sur-tout un peu bien dur pour les Dames Espagnoles.

Eh ! qui sait si son Excellence, Madame la Comtesse Almaviva, l'exemple des femmes de son état, & vivant comme un Ange avec son mari, quoiqu'elle ne l'aime plus, ne se ressentira pas un jour des libertés qu'on se donne à Bouillon, sur elle, avec Approbation & Privilege ?

L'imprudent Journaliste a-t-il au moins réfléchi que son Excellence, ayant, par le rang de son mari, le plus grand crédit dans les Bureaux, eût pu lui faire obtenir quelque pension sur la Gazette d'Espagne, ou la Gazette elle-même, & que dans la carriere qu'il embrasse, il faut garder plus de ménagemens pour les femmes de qualité ? Qu'est-ce que cela me fait à moi ? L'on sent bien que c'est pour lui seul que j'en parle !

Il est tems de laisser cet Adversaire ; quoiqu'il soit à la tête des gens qui prétendent que, *n'ayant pu me soutenir en cinq Actes, je me suis mis en quatre pour ramener le Public.* Eh, quand cela seroit ! Dans un moment d'oppreſſion , ne vaut-il pas mieux ſacrifier un cinquieme de ſon bien , que de le voir aller tout entier au pillage ?

Mais ne tombez pas , cher Lecteur... (Monſieur , veux-je dire ,) ne tombez pas , je vous prie , dans une erreur populaire qui feroit grand tort à votre jugement.

Ma Piece , qui paroît n'être aujourd'hui qu'en quatre Actes , eſt réellement & de fait en cinq , qui ſont le 1er , le 2e , le 3e , le 4e , le 5e , à l'ordinaire.

Il eſt vrai que, le jour du combat , voyant les Ennemis acharnés , le Parterre ondulant , agité , grondant au loin comme les flots de la mer ; & trop certain que ces mugiſſemens ſourds , précurſeurs des tempêtes , ont amené plus d'un naufrage , je vins à réfléchir que beaucoup de Pieces en cinq Actes (comme la mienne ,) toutes très-bien faites d'ailleurs (comme la mienne ,) n'auroient pas été au diable en entier (comme la mienne ,) ſi l'Auteur eût pris un parti vigoureux (comme le mien.)

Le Dieu des cabales eſt irrité , dis-je aux Comédiens avec force.

Enfans ! Un ſacrifice eſt ici néceſſaire.

Alors faiſant la part au diable , & déchirant mon manuſcrit : Dieu des Siffleurs , Moucheurs , Cracheurs , Touſſeurs , & Perturbateurs , m'écriai-je , il te faut du ſang ! Bois mon 4e. Acte , & que ta fureur s'appaiſe ?

A l'inſtant vous euſſiez vu ce bruit infernal , qui faiſoit pâlir & broncher les Acteurs , s'affoiblir , s'éloigner , s'anéantir ; l'applaudiſſement lui ſuccéder , & des bas-fonds du Parterre un *bravo* général s'élever en circulant juſqu'aux hauts bancs du Paradis.

De cet expoſé , Monſieur , il ſuit que ma Piece eſt reſtée en cinq Actes , qui ſont le 1er , le 2e , le 3e , au Théâtre , le 4e , au diable , & le 5e , avec les trois premiers. Tel Auteur même vous ſoutiendra que ce 4e Acte , qu'on n'y voit point , n'en eſt pas moins celui qui fait le plus de bien à la Piece ; en ce qu'on ne l'y voit point.

Laiſſons jaſer le monde ; il me ſuffit d'avoir prouvé mon dire. Il me ſuffit , en faiſant ces cinq Actes , d'avoir montré mon reſpect pour Ariſtote , Horace , Aubignac & les Modernes ; & d'avoir mis ainſi l'honneur de la regle à couvert.

Par le ſecond arrangement , le Diable a ſon affaire ; mon char n'en roule pas moins bien ſans la cinquieme roue ; le Public eſt content , je le ſuis auſſi. Pourquoi le Journal de Bouillon ne l'eſt-il pas ? — Ah ! Pourquoi ! C'eſt qu'il eſt bien difficile de plaire à des gens qui , par métier , doivent ne jamais trouver les choſes gaies aſſez ſérieuſes , ni les graves aſſez enjouées.

Je me flatte , Monſieur , que cela s'appelle raiſonner principes , & que vous n'êtes pas mécontent de mon petit ſyllogiſme.

Reſte à répondre aux obſervations dont quelques perſonnes ont honoré le moins important des Drames haſardés depuis un ſiecle au Théâtre.

Je mets à part les lettres écrites aux Comédiens , à moi-même ; ſans ſignature , & vulgairement appellées anonymes ; on juge à l'âpreté du ſtyle , que leurs Auteurs , peu verſés dans la critique , n'ont pas aſſez ſenti qu'une mauvaiſe Piece n'eſt point une mauvaiſe action , & que telle injure convenable à un méchant homme , eſt toujours déplacée à un méchant Ecrivain. Paſſons aux autres.

Des Connoiſſeurs ont remarqué que j'étois tombé dans l'inconvénient de faire critiquer des uſages Français par un plaiſant de Séville à Séville ; tandis que le vraiſemblable exigeoit qu'il s'égayât ſur les mœurs Eſpagnoles. Ils ont raiſon : j'y avois même tellement penſé, que pour rendre la vraiſemblance encore plus parfaite, j'avois d'abord réſolu d'écrire & de faire jouer la Piece en langage Eſpagnol ; mais un homme de goût m'a fait obſerver qu'elle en perdroit peut-être un peu de ſa gaieté pour le Public de Paris ; raiſon qui m'a déterminé à l'écrire en Français ; enſorte que j'ai fait, comme on voit, une multitude de ſacrifices à la gaieté ; mais ſans pouvoir parvenir à dérider le Journal de Bouillon.

Un autre Amateur, ſaiſiſſant l'inſtant qu'il y avoit beaucoup de monde au foyer, m'a reproché du ton le plus ſérieux, que ma Piece reſſembloit à *On ne s'aviſe jamais de tout*. — Reſſembler, Monſieur ! Je ſoutiens que ma Piece eſt, *On ne s'aviſe jamais de tout*, lui-meme. ⚌ Et comment cela ? — C'eſt qu'on ne s'étoit pas encore aviſé de ma Piece. L'Amateur reſta court, & l'on en rit d'autant plus, que celui-là qui me reprochoit, *on ne s'aviſe jamais de tout*, eſt un homme qui ne s'eſt jamais aviſé de rien.

Quelques jours après, ceci eſt plus ſérieux, chez une Dame incommodée, un Monſieur grave, en habit noir, coiffure bouffante & canne à corbin, lequel touchoit légérement le poignet de la Dame, propoſa civilement pluſieurs doutes ſur la vérité des traits que j'avois lancé contre les Médecins. Monſieur, lui dis-je, êtes-vous ami de quelqu'un d'eux ? Je ſerois déſolé qu'un badinage... ⚌ On ne peut pas moins : je vois que vous ne me connoiſſez pas ; je ne prends jamais le parti d'aucun ; je parle ici pour le Corps en général. — Cela me fit beaucoup chercher quel homme ce pouvoit être. En fait de plaiſanterie, ajoutai-je, vous ſavez, Monſieur, qu'on ne demande jamais ſi l'hiſtoire eſt vraie, mais ſi elle eſt bonne. ⚌ Eh ! croyez-vous moins perdre à cet examen qu'au premier ? — A merveille, Docteur, dit la Dame. Le monſtre qu'il eſt ! n'a-t-il pas oſé parler mal auſſi de nous ! Faiſons cauſe commune.

A ce mot de *Docteur*, je commençai à ſoupçonner qu'elle parloit à ſon Médecin. Il eſt vraï, Mde. & Mr. repris-je avec modeſtie, que je me ſuis permis ces légers torts, d'autant plus aiſément qu'ils tirent moins à conſéquence.

Eh ! qui pourroit nuire à deux Corps puiſſans, dont l'empire embraſſe l'univers, & ſe partage le monde ! Malgré les envieux, les belles y régneront toujours par le plaiſir, & les Médecins par la douleur : & la brillante ſanté nous ramene à l'Amour, comme la maladie nous rend à la Médecine.

Cependant je ne ſais ſi, dans la balance des avantages, la Faculté ne l'emporte pas un peu ſur la Beauté. Souvent on voit les Belles nous renvoyer aux Médecins ; mais plus ſouvent encore, les Médecins nous gardent & ne nous renvoient plus aux Belles.

En plaiſantant donc, il faudroit peut-être avoir égard à la différence des reſſentimens, & ſonger que, ſi les Belles ſe vengent en ſe ſéparant de nous, ce n'eſt-là qu'un mal négatif ; au lieu que les Médecins ſe vengent en s'en emparant, ce qui devient très-poſitif.

Que quand ces derniers nous tiennent, ils font de nous tout ce qu'ils veulent ; au lieu que les Belles, toutes belles qu'elles ſont, n'en font jamais que ce qu'elles peuvent.

Que le commerce des Belles nous les rend bientôt moins néceſſaires ; au lieu que l'uſage des Médecins finit par nous les rendre indiſpenſables.

Enfin, que l'un de ces empires ne ſemble établi que pour aſſurer la durée de l'autre ; puisque plus la verte jeuneſſe eſt livrée à l'Amour, plus la pâle vieilleſſe appartient furement à la Médecine.

Au reſte, ayant fait contre moi cauſe commune, il étoit juſte, Madame & Monſieur, que je vous offriſſe en commun mes juſtifications. Soyez donc perſuadez que, faiſant profeſſion d'adorer les Belles & de redouter les Médecins, c'eſt toujours en badinant que je dis du mal de la Beauté ; comme ce n'eſt jamais ſans trembler que je plaiſante un peu la Faculté.

Ma déclaration n'eſt point ſuſpecte à votre égard, Meſdames, & mes plus acharnés ennemis ſont forcés d'avouer que, dans un inſtant d'humeur où mon dépit contre une Belle alloit s'épancher, trop librement ſur toutes les autres, on m'a vu m'arrêter tout court au 25 couplet, & par le plus prompt repentir, faire ainſi dans le 26e. amende honorable aux Belles irritées :

Sexe charmant, ſi je décele,	D'un badinage, ô mes Déeſſes !
Votre cœur en proie au deſir,	Ne cherchez point à vous venger :
Souvent à l'amour infidele,	Tel gloſe, hélas ! ſur vos foibleſſes,
Mais toujours fidele au plaiſir ;	Qui brûle de les partager.

Quant à vous, Monſieur le Docteur, on ſait aſſez que Moliere....

— Au déſeſpoir, dit-il en ſe levant, de ne pouvoir profiter plus long-tems de vos lumieres : mais l'humanité qui gémit, ne doit pas ſouffrir de mes plaiſirs. Il me laiſſa ma foi, la bouche ouverte avec ma phraſe en l'air. Je ne ſais pas, dit la belle malade en riant, ſi je vous pardonne ; mais je vois bien que notre Docteur ne vous pardonne pas. — Le nôtre Madame ? il ne ſera jamais le mien. ═ Eh ! pourquoi ! Je ne ſais ; je craindrois qu'il ne fût au-deſſous de ſon état, puiſqu'il n'eſt pas au-deſſus des plaiſanteries qu'on en peut faire.

Ce Docteur n'eſt pas de mes gens. L'homme aſſez conſommé dans ſon art pour en avouer de bonne foi l'incertitude, aſſez ſpirituel pour rire avec moi de ceux qui le diſent infaillible ; tel eſt mon Médecin. En me rendant ſes ſoins qu'ils appellent des viſites ? en me donnant ſes conſeils qu'ils nomment ordonnances, il remplit dignement & ſans faſte la plus noble fonction d'une ame éclairée & ſenſible. Avec plus d'eſprit, il calcule plus de rapports, & c'eſt tout ce qu'on peut dans un art auſſi utile qu'incertain. Ι me raiſonne, il me conſole, il me guide, & la nature fait le reſte. Auſſi, loin de s'offenſer de la plaiſanterie, eſt-il le premier à l'oppoſer au pédantiſme. A l'infatué qui lui dit gravement : « De quatre-vingt fluxions de poitrine » que j'ai traitées cette Automne, un ſeul malade a péri dans mes mains ; » mon Docteur répond en ſouriant : « Pour moi j'ai prêté mes ſecours à plus de cent cet » Hiver ; hélas ! je n'en ai pu ſauver qu'un ſeul. » Tel eſt mon aimable Médecin. — Je le connois. ═ Vous permettez bien que je ne l'échange pas contre le vôtre. Un Pédant n'aura pas plus ma confiance en maladie qu'une béguenle n'obtiendroit mon hommage en ſanté. Mais je ne ſuis qu'un ſot. Au lieu de vous rappeller mon amende honorable au beau ſexe, je devois lui chanter le Couplet de la béguenle ; il eſt tout fait pour lui.

Pour égayer ma Poëſie,	La Femme d'eſprit, qui s'en moque,
Au haſard j'aſſemble des traits,	Sourit finement à l'Auteur ;
J'en fais, Peintre de fantaiſie,	Pour l'imprudente qui s'en choque,
Des tableaux, jamais des Portraits.	Sa colere eſt ſon délateur.

— A propos de Chanſon, dit la Dame. Vous êtes bien honnête d'avoir été donner votre Piece aux Français ! moi qui n'ai de petite Loge qu'aux Italiens ! Pourquoi n'en avoir pas fait un Opéra Comique ? ce fut, dit-on, votre premiere idée. La Piece eſt d'un genie à comporter de la muſique.

— Je ne ſais ſi elle eſt propre à la ſupporter, ou ſi je m'étois trompé d'abord en le ſuppoſant : mais ſans entrer dans les raiſons qui m'ont fait changer d'avis, celle-ci, Madame répond à tout.

Notre Muſique Dramatique reſſemble trop encore, à notre Muſique chanſonniere pour en attendre un véritable intérêt ou de la gaîté franche. Il faudra commencer à l'employer ſérieuſement au Théâtre quand on ſentira bien qu'on ne doit y chanter que pour parler ; quand nos Muſiciens ſe rapprocheront de la nature, & ſur-tout ceſſeront de s'impoſer l'abſurde loi de toujours revenir à la premiere partie d'un air après qu'ils en ont dit

la feconde. Eft-ce qu'il y a des Reprifes & des Rondeaux dans un Drame? Ce cruel radotage eft la mort de l'intérêt, & dénote un vuide infupportable dans les idées.

Moi qui toujours ai chéri la Mufique fans inconftance & même fans infidélité; fouvent,
aux Pieces qui m'attachent le plus, je me furprends à pouffer de l'épaule, à dire tout bas
avec humeur : Eh ! va donc Mufique ! pourquoi toujours répéter ? N'eft-tu pas affez
lente ? Au lieu de narrer vivement, tu rabaches ! au lieu de peindre la paffion, tu t'ac-
croches aux mots ! Le Poëte fe tue à ferrer l'événement, & toi tu le délayes ! Que lui
fert de rendre fon ftyle énergique & preffé, fi tu l'enfevelis fous d'inutiles fredons?
Avec ta ftérile abondance, refte, refte aux Chanfons pour toute nourriture, jufqu'à ce
que tu connoiffes le langage fublime & tumultueux des paffions.

En effet, fi la déclamation eft déjà un abus de la narration au Théâtre, le chant,
qui eft un abus de la déclamation, n'eft donc, comme on voit, que l'abus de l'abus.
Ajoutez-y la répétition des phrafes & voyez ce que devient l'intérêt. Pendant que le
vice ici va toujours en croiffant, l'intérêt marche à fens contraire; l'action s'allan-
guit; quelque chofe me manque; je deviens diftrait; l'ennui me gagne; & fi je cherche alors à deviner ce que je voudrois, il m'arrive fouvent de trouver que je voudrois la fin du Spectacle.

Il eft un autre art d'imitation, en général beaucoup moins avancé que la Mufique;
mais qui femble en ce point lui fervir de leçon. Pour la variété feulement la Danfe
élevée eft déjà le modele du chant.

Voyez le fuperbe Veftris ou le fier d'Auberval engager un pas de caractere. Il ne
danfe pas encore; mais d'auffi loin qu'il paroît fon port libre & dégagé fait déjà
lever la tête aux Spectateurs. Il infpire autant de fierté qu'il promet de plaifirs. Il eft
parti.... Pendant que le Muficien redit vingt fois fes phrafes & monotone fes mouvemens, le Danfeur varie les fiens à l'infini.

Le voyez-vous s'avancer légérement à petit bonds, reculer à grands pas & faire oublier le comble de l'art par la plus ingénieufe négligence ? Tantôt fur un pied, gar-
dant le plus favant équilibre, & fufpendu fans mouvement pendant plufieurs mefures,
il étonne, il furprend par l'immobilité de fon à plomb.... Et foudain, comme s'il re-
grettoit le tems du repos, il part comme un trait, vole au fond du Théâtre, & revient, en pirouettant, avec une rapidité que l'œil peut fuivre à peine.

L'air a beau recommencer, rigaudonner, fe répéter, fe radoter; il ne fe répete
point, lui ! tout en déployant les mâles beautés d'un corps fouple & puiffant, il peint
les mouvemens violens dont fon ame eft agitée : il vous lance un regard paffionné que
fes bras mollement ouverts rendent plus expreffif: & comme s'il fe laffoit bientôt de
vous plaire, il fe releve avec dédain, fe dérobe à l'œil qui le fuit, & la paffion la
plus fougueufe femble alors naître & fortir de la plus douce ivreffe. Impétueux, turbu-
lent, il exprime une colere fi bouillante & fi vraie qu'il m'arrache à mon fiege & me
fait froncer le fourcil. Mais, reprenant foudain le gefte & l'accent d'une volupté pai-
fible, il erre nonchalamment avec une grace, une molleffe, & des mouvemens fi déli-
cats, qu'il enleve autant de fuffrages qu'il y a de regards attachés fur fa danfe enchantereffe.

Compofiteurs ! chantez comme il danfe, & nous aurons, au lieu d'Opéra, des Mé-
lodrames ! Mais j'entends mon éternel Cenfeur, (je ne fais plus s'il eft d'ailleurs ou de
Bouillon,) qui me dit : Que prétend-on par ce tableau ? Je vois un talent fupérieur,
& non la Danfe en général. C'eft dans fa marche ordinaire qu'il faut faifir un art pour
le comparer & non dans fes efforts les plus fublimes. N'avons nous pas....

— Je l'arrête à mon tour. Eh quoi ? fi je veux peindre un courfier & me former une
jufte idée de ce noble animal, irai-je le chercher hongre & vieux, gémiffant au timon
du fiacre, ou trottinant fous le plâtier qui fiffle ! Je le prends au haras, fier Etalon,
vigoureux, découplé, l'œil ardent, frappant la terre & foufflant le feu par les na-
zeaux ; bondiffant de defirs & d'impatience ou fendant l'air qu'il électrife, & dont
le brufque henniffement réjouit l'homme & fait treffaillir toutes les cavales de la con-
trée. Tel eft mon Danfeur.

Et quand je crayonne un art, c'eft parmi les plus grands fujets qui l'exercent que j'entends choifir mes modeles; tous les efforts du génie.... mais je m'éloigne trop de mon
fujet, revenons au Barbier de Séville.... ou plutôt, Monfieur, n'y revenons pas. C'eft
affez pour une bagatelle. Infenfiblement je tomberois dans le défaut reproché trop juftement à nos Français, de toujours faire de petites Chanfons fur les grandes affaires,
& de grandes differtations fur les petites. Je fuis avec le plus profond refpect,

MONSIEUR,

Votre très-humble & très-obéiffant
ferviteur, L'AUTEUR.

LE BARBIER,

LE BARBIER
DE SÉVILLE,
OU LA
PRÉCAUTION INUTILE.

ACTE PREMIER.

Le Théâtre repréfente une rue de Séville, où toutes les croifées font grillées.

SCENE PREMIERE.

LE COMTE, *feul; en grand manteau brun & chapeau rabattu. Il tire fa montre en fe promenant.*

LE jour eft moins avancé que je ne croyois. L'heure à laquelle elle a coutume de fe montrer derriere fa jaloufie eft encore éloignée. N'importe ; il vaut mieux arriver trop-tôt que de manquer l'inftant de la voir. Si quelque aimable de la Cour pouvoit me deviner à cent lieues de Madrid, arrêté tous les matins fous les fenêtres d'une femme à qui je n'ai jamais parlé, il me prendroit pour un Efpaguol du temps d'Ifabelle. — Pourquoi non ? Chacun court après le bonheur. Il eft pour moi dans le cœur de Rofine. — Mais quoi ! Suivre une femme à Séville, quand Madrid & la Cour offrent de toutes parts des plaifirs fi faciles ! — Et c'eft cela même que je fuis. Je fuis las des conquêtes que l'intérêt, la convenance, ou la vanité nous préfentent fans ceffe. Il eft fi doux d'être aimé pour foi-même ; & fi je pouvois m'affurer fous ce déguifement.... Au diable l'importun.

SCENE II.
FIGARO, LE COMTE, *caché.*

FIGARO *une guittarre fur le dos attachée en bandouliere avec un large ruban ; il chantonne gaiement un papier & un crayon à la main.*

Banniffons le chagrin,
Il nous confume :
Sans le feu du bon vin,
Qui nous rallume ;

Réduit à languir,
L'homme fans plaifir
Vivroit comme un fot,
Et mourroit bientôt ;

Jufques-là , ceci ne va pas mal, ein, ein.

C

> Et mourroit bientôt.
> Le vin & la pareſſe
> Se diſputent mon cœur....

Eh non! ils ne ſe le diſputent pas, ils y regnent paiſiblement ensemble.....

> Se partagent.... mon cœur.

dit-on ſe partagent ?... Eh mon Dieu? nos faiſeurs d'Opéra Comiques n'y regardent pas de ſi près. Aujourd'hui, ce qui ne vaut pas la peine d'être dit, on le chante. (*Il chante.*)

> Le vin & la pareſſe
> Se partagent mon cœur.

Je voudrois finir par quelque choſe de beau, de brillant, de ſcintillant, qui eût l'air d'une penſée.

(*Il met un genou en terre & écrit en chantant.*)

> Se partagent mon cœur.
> Si l'une a ma tendreſſe......
> L'autre fait mon bonheur.

Fi donc! c'eſt plat. Ce n'eſt pas ça.... Il me faut une oppoſition; une antitheſe.

> Si l'une eſt..... ma maîtreſſe,
> L'autre......

Eh parbleu! j'y ſuis.

> L'autre eſt mon ſervíteur.

Fort bien, Figaro!.... (*Il écrit en chantant.*)

Le vin & la pareſſe	L'autre eſt mon ſervíteur.
Se partagent mon cœur;	L'autre eſt mon ſervíteur.
Si l'une eſt ma maîtreſſe,	L'autre eſt mon ſervíteur.

Hen, hen, quand il y aura des accompagnemens là-deſſous, nous verrons encore, Meſſieurs de la cabale, ſi je ne fais ce que je dis. (*Il apperçoit le Comte.*) J'ai vu cet Abbé-là quelque part. (*Il ſe releve.*)

LE COMTE *à part.*

Cet homme ne m'eſt pas inconnu.

FIGARO.

Et non, ce n'eſt pas un Abbé! cet air altier & noble....

LE COMTE.

Cette tournure groteſque....

FIGARO.

Je ne me trompe point; c'eſt le Comte Almaviva.

LE COMTE.

Je crois que c'eſt ce coquin de Figaro.

FIGARO.

C'eſt lui-même, Monſeigneur.

LE COMTE.

Maraud! ſi tu dis un mot....

FIGARO.

Oui, je vous reconnois; voilà les bontés familieres dont vous m'avez toujours honoré.

LE COMTE.

Je ne te reconnoiſſois pas, moi. Te voilà ſi gros & ſi gras...

FIGARO.

Que voulez-vous, Monſeigneur, c'eſt la miſere.

LE COMTE.

Pauvre petit! Mais que fais-tu à Séville? Je t'avois autrefois recommandé dans les Bureaux pour un emploi.

FIGARO.

Je l'ai obtenu, Monseigneur, & ma reconnoissance....

LE COMTE.

Appelle-moi Lindor. Ne vois-tu pas à mon déguisement que je veux être inconnu?

FIGARO.

Je me retire.

LE COMTE.

Au contraire. J'attends ici quelque chose; & deux hommes qui jasent sont moins suspects qu'un seul qui se promene. Ayons l'air de jaser. Eh bien, cet emploi?

FIGARO.

Le Ministre ayant égard à la recommandation de votre Excellence, me fit nommer, sur le champ, Garçon Apothicaire.

LE COMTE.

Dans les hôpitaux de l'Armée?

FIGARO.

Non; dans les haras d'Andalousie.

LE COMTE, *riant.*

Beau début!

FIGARO.

Le poste n'étoit pas mauvais; parce qu'ayant le district des pansemens & des drogues, je vendois souvent aux hommes de bonnes médecines de cheval....

LE COMTE.

Qui tuoient les sujets du Roi!

FIGARO.

Ah, ah, il n'y a point de remede universel: mais qui n'ont pas laissé de guérir quelquefois des Galiciens, des Catalans, des Auvergnats.

LE COMTE,

Pourquoi donc l'as-tu quitté?

FIGARO.

Quitté? C'est bien lui-même; on m'a desservi auprès des Puissances. L'envie aux doigts crochus, au teint pâle & livide....

LE COMTE.

Oh grace! grace, ami! Est-ce que tu fais aussi des vers? je t'ai vu là griffonnant sur ton genou; & chantant dès le matin.

FIGARO.

Voilà précisément la cause de mon malheur, Excellence. Quand on a rapporté au Ministre que je faisois, je puis dire assez joliment, des bouquets à Cloris, que j'envoyois des énigmes aux Journaux, qu'il couroit des madrigaux de ma façon; en un mot, quand il a su que j'étois imprimé tout vif, il a pris la chose au tragique, & m'a fait ôter mon emploi, sous prétexte que l'amour des Lettres est incompatible avec l'esprit des affaires.

LE COMTE.

Puissamment raisonné. Et tu ne lui fis pas représenter....

FIGARO.

Je me crus trop heureux d'en être oublié; persuadé qu'un Grand nous fait assez de bien, quand il ne nous fait pas de mal.

LE COMTE.

Tu ne dis pas tout. Je me souviens qu'à mon service tu étois un assez mauvais sujet.   FIGARO.

Eh mon Dieu, Monseigneur, c'est qu'on veut que le pauvre soit sans défaut.

LE COMTE.

Paresseux, dérangé....

FIGARO.

Aux vertus qu'on exige dans un Domestique, votre Excellence connoît-elle beaucoup de Maîtres qui fussent dignes d'être valets.

LE COMTE, *riant.*

Pas mal. Et tu t'es retiré en cette ville ?

FIGARO.

Non pas tout de suite.

FIGARO, *l'arrêtant.*

Un moment... J'ai cru que c'étoit elle.... Dis toujours, je t'entends de reste.   FIGARO.

De retour à Madrid, je voulus essayer de nouveau mes talens littéraires, & le Théâtre me parut un champ d'honneur....

LE COMTE.

Ah, miséricorde !

FIGARO.

Pendant sa réplique, le Comte regarde avec attention du côté de la jalousie.

En vérité, je ne sais comment je n'eus pas le plus grand succès ; car j'avois rempli le Parterre des plus excellens Travailleurs ; des mains.... comme des battoirs ; j'avois interdit les gants, les cannes, tout ce qui ne produit que des applaudissemens sourds ; & d'honneur, avant la piece, le café m'avoit paru dans les meilleures dispositions pour moi. Mais les efforts de la cabale....

LE COMTE.

Ah ! la cabale ! Monsieur l'Auteur tombé.

FIGARO.

Tout comme un autre : Pourquoi pas ? Ils m'ont sifflé ; mais si jamais je puis les rassembler....

LE COMTE.

L'ennui te vengera bien d'eux ?

FIGARO.

Ah ! comme je leur en garde ! morbleu !

LE COMTE.

Tu jures ! Sais-tu qu'on n'a que vingt-quatre heures au Palais pour maudire ses Juges ?

FIGARO.

On a vingt-quatre ans au Théâtre ; la vie est trop courte pour user un pareil ressentiment.

LE COMTE.

Ta joyeuse colere me réjouit. Mais tu ne me dis pas ce qui t'a fait quitter Madrid.   FIGARO.

C'est mon bon Ange, Excellence, puisque je suis assez heureux pour retrouver mon ancien maître. Voyant à Madrid que la république des lettres étoit celle des loups, toujours armés les uns contre

les autres, & que livrés au mépris où ce rifible acharnement les conduit, tous les Infectes, les Mouſtiques, les Couſins, les Critiques,
les Maringouins, les Envieux, les Feuilliſtes, les Libraires, les Cenfeurs, & tout ce qui s'attache à la peau des malheureux Gens de
Lettres, achevoit de déchiqueter & fucer le peu de fubſtance qui leur
reſtoit; fatigué d'écrire, ennuyé de moi, dégoûté des autres, abymé
de dettes & léger d'argent; à la fin convaincu que l'utile revenu du
rafoir eſt préférable aux vains honneurs de la plume, j'ai quitté Madrid; & mon bagage en fautoir, parcourant philofophiquement les
deux Caſtilles, la Manche, l'Eſtramadoure, la Siera-Morena, l'An-
daloufie; accueilli dans une ville, empriſonné dans l'autre, & par-
tout fupérieur aux événemens : aidant au bon tems, & fupportant
le mauvais; me moquant des fots, bravant les méchans, riant de ma
mifere & faifant la barbe à tout le monde; vous me voyez enfin
établi dans Séville, & prêt à fervir de nouveau votre Excellence en
tout ce qu'il lui plaira m'ordonner.

LE COMTE.
Qui t'a donné une philofophie auſſi gaie.

FIGARO.
L'habitude du malheur. Je me preſſe de rire de tout, de peur d'être
obligé d'en pleurer. Que regardez-vous donc toujours de ce côté?

LE COMTE.
Sauvons-nous.

FIGARO.
Pourquoi?

LE COMTE.
Viens donc, malheureux! tu me perds. (*Ils fe cachent.*)

SCENE III.
BARTHOLO, ROSINE. (*La jaloufie du premier étage
s'ouvre ; Bartholo & Rofine fe mettent à la fenêtre.*)

ROSINE.
Comme le grand air fait plaifir à refpirer ! Cette jalonfie s'ouvre
fi rarement....

BARTHOLO.
Quel papier tenez-vous là.

ROSINE.
Ce font des couplets de la Prècaution inutile que mon maître à
chanter m'a donné hier.

BARTHOLO.
Qu'eſt-ce que c'eſt que la Précaution inutile ?

ROSINE.
C'eſt une Comédie nouvelle.

BARTHOLO.
Quelque Drame encore! quelque fottife d'un nouveau genre. (*)

ROSINE.
Je n'en fais rien.

(*) Bartholo n'aimoit pas les Drames. Peut être avoit-il fait quelque Tragédie
dans fa jeuneſſe.

BARTHOLO.

Euh, euh, les Journaux & l'autorité nous en feront raison. Siecle barbare !.....

ROSINE.

Vous injuriez toujours notre pauvre siecle.

BARTHOLO.

Pardon de la liberté ; qu'a t-il produit pour qu'on le loue ? Sottises de toute espece : la liberté de penser, l'attraction, l'électricité, le toléranisme, l'inoculation, le quinquina ; l'encyclopédie, & les drames....

ROSINE, *le papier lui échappe & tombe dans la rue.*

Ah, ma chanson ! ma chanson est tombée en vous écoutant ; courez, courez donc, Monsieur, ma chanson ; elle sera perdue.

BARTHOLO.

Que diable aussi, l'on tient ce qu'on tient. (*Il quitte le balcon.*)

ROSINE, *regarde en dedans & fait signe dans la rue.*

S't, s't ; (*Le Comte paroît*) ramassez vîte & sauvez-vous. (*Le Comte ne fait qu'un saut, ramasse le papier & entre.*) BARTHOLO *sort de la maison & cherche.* Où donc est-il ? je ne vois rien.

ROSINE.

Sous le balcon, au pied du mur.

BARTHOLO.

Vous me donnez-là une jolie commission, Il est donc passé quelqu'un ?

ROSINE.

Je n'ai vu personne.

BARTHOLO, *à lui-même.*

Et moi qui ai la bonté de chercher.... Bartholo, vous n'êtes qu'un sot, mon ami, ceci doit vous apprendre à ne jamais ouvrir de jalousies sur la rue. (*Il rentre.*)

ROSINE, *toujours au balcon.*

Mon excuse est dans mon malheur : seule, enfermée, en butte à la persécution d'un homme odieux ; est-ce un crime de tenter à sortir d'esclavage ?

BARTHOLO, *paroissant au balcon.*

Rentrez ; Signora ; c'est ma faute si vous avez perdu votre chanson ; mais ce malheur ne vous arivera plus, je vous jure.

(*Il ferme la jalousie à clef.*)

SCENE IV.

LE COMTE, FIGARO. (*Ils entrent avec précaution.*)

LE COMTE.

A Présent qu'ils sont retirés ; examinons cette chanson, dans laquelle un mystere est surement renfermé. C'est un billet.

FIGARO.

Il demandoit ce que c'est que la Précaution inutile.

LE COMTE, *lit vivement.*

» Votre empressement excite ma curiosité ; si-tôt que mon Tuteur sera sorti,
» chantez indifféremment sur l'air connu de ces couplets, quelque chose qui m'ap-
» prenne enfin le nom, l'état & les intentions de celui qui paroît s'attacher si obsti-
» nément à l'infortunée Rosine.

FIGARO, *contrefaifant la voix de Rofine.*

Ma chanfon, ma chanfon eft tombée : courez, courez donc ;
(*Il rit.*) ah, ah, ah, ah ! O ces femmes ! voulez-vous donner de
l'adreffe à la plus ingénue ? enfermez-là.

LE COMTE.

Ma chere Rofine !

FIGARO.

Monfeigneur, je ne fuis plus en peine des motifs de votre mafca-
rade ; vous faites ici l'amour en perfpective.

LE COMTE.

Te voilà inftruit, mais fi tu jafes.

FIGARO.

Moi jafer : je n'employerai point pour vous raffurer les grandes
phrafes d'honneur & de dévoûment dont on abufe à la journée ; je
n'ai qu'un mot : mon intérêt vous répond de moi ; pefez tout à cette
balance, &.... **LE COMTE.**

Fort bien. Apprends donc que le hafard m'a fait rencontrer au
Prado, il y a fix mois, une jeune perfonne d'une beauté.... Tu viens
de la voir ! Je l'ai fait chercher en vain par tout Madrid. Ce n'eft
que depuis peu de jours que j'ai découvert qu'elle s'appelle Rofine ,
eft d'un fang noble, orpheline & mariée à un vieux Médecin de
cette ville, nommé Bartholo.

FIGARO.

Joli oifeau, ma foi ! difficile à dénicher ! Mais qui vous a dit
qu'elle étoit femme du Docteur.

LE COMTE.

Tout le monde.

FIGARO.

C'eft une hiftoire qu'il a forgée en arrivant de Madrid, pour donner
le change aux galans & les écarter ; elle n'eft encore que fa pupille,
mais bientôt....

LE COMTE, *vivement.*

Jamais. Ah, quelle nouvelle ! J'étois réfolu de tout ofer pour lui
préfenter mes regrets ; & je la trouve libre ! il n'y a pas un moment
à perdre, il faut m'en faire aimer, & l'arracher à l'indigne engage-
ment qu'on lui deftine. Tu connois donc ce Tuteur.

FIGARO.

Comme ma mere.

LE COMTE.

Quel homme eft-ce ?

FIGARO, *vivement.*

C'eft un beau, gros, court, jeune vieillard, gris pommelé, rufé,
rafé, blafé, qui guette & furette & gronde & geint tout à la fois.

LE COMTE, *impatienté.*

Eh ! je l'ai vu. Son caractere ?

FIGARO.

Brutal, avare, amoureux & jaloux à l'excès de fa pupille, qui le
hait à la mort.

LE COMTE.

Ainfi fes moyens de plaire font....

FIGARO.

Nuls.

LE COMTE.

Tant mieux. Sa probité ?

FIGARO.

Tout juste autant qu'il en faut pour n'être point pendu.

LE COMTE.

Tant mieux. Punir un fripon en se rendant heureux....

FIGARO.

C'est faire à la fois le bien public & particulier. Chef d'œuvre de morale, en vérité, Monseigneur !

LE COMTE.

Tu dis que la crainte des galans lui fait fermer sa porte ?

FIGARO.

A tout le monde : s'il pouvoit la calfeutrer.

LE COMTE.

Ah ! diable, tant pis. Aurois-tu de l'accès chez lui ?

FIGARO.

Si j'en ai. *Primò*, la maison que j'occupe appartient au Docteur, qui m'y loge *gratis*.

LE COMTE.

Ah, ah !

FIGARO.

.. Oui. Et moi, en reconnoissance, je lui promets dix pistoles d'or par an, *gratis* aussi.

LE COMTE, *impatienté.*

Tu es son locataire ?

FIGARO.

· De plus son Barbier, son Chirurgien, son Apothicaire ; il ne se donne pas dans sa maison un coup de rasoir, de lancette ou de piston, qui ne soit de la main de votre serviteur.

LE COMTE, *l'embrasse.*

'Ah ! Figaro, mon ami, tu feras mon ange, mon libérateur, mon dieu tutélaire. **FIGARO.**

· Peste ! comme l'utilité vous a bientôt rapproché les distances ! parlez-moi des gens passionnés !

LE COMTE.

Heureux Figaro ! Tu vas voir ma Rosine ! Tu vas la voir ! Conçois-tu ton bonheur ! **FIGARO.**

C'est bien-là un propos d'amant ! Est-ce que je l'adore, moi ? Puissiez-vous prendre ma place !

LE COMTE.

Ah ! si l'on pouvoit écarter tous les surveillans !

FIGARO.

C'est à quoi je rêvois.

LE COMTE.

Pour douze heures seulement.

FIGARO.

En occupant les gens de leur propre intérêt, on les empêche de nuire à l'intérêt d'autrui.

LE COMTE.

LE COMTE.

Sans doute. Eh bien.

FIGARO, *rêvant.*

Je cherche dans ma tête si la Pharmacie ne fourniroit pas quelques petits moyens innocens.

LE COMTE.

Scélérat !

FIGARO.

Est-ce que je veux leur nuire ? Ils ont tous besoin de mon ministère. Il ne s'agit que de les traiter ensemble.

LE COMTE.

Mais ce Médecin peut prendre un soupçon.

FIGARO.

Il faut marcher si vîte, que le soupçon n'ait pas le tems de naître: Il me vient une idée. Le régiment de Royal-Infant arrive en cette ville.

LE COMTE.

Le Colonel est de mes amis.

FIGARO.

Bon. Présentez-vous chez le Docteur en habit de Cavalier, avec un billet de logement ; il faudra bien qu'il vous heberge ; & moi, je me charge du reste.

LE COMTE.

Excellent !

FIGARO.

Il ne seroit même pas mal que vous eussiez l'air entre deux vins....

LE COMTE.

A quoi bon ?

FIGARO.

Et le mener un peu lestement sous cette apparence déraisonnable.

LE COMTE.

A quoi bon ?

FIGARO.

Pour qu'il ne prenne aucun ombrage, & vous croie plus pressé de dormir que d'intriguer chez lui.

LE COMTE.

Supérieurement vu ! Mais que n'y vas-tu, toi ?

FIGARO.

Ah oui ! moi ? Nous serons bienheureux s'il ne vous reconnoît pas, vous, qu'il n'a jamais vu. Et comment vous introduire après ?

LE COMTE.

Tu as raison.

FIGARO.

C'est que vous ne pourrez peut-être pas soutenir ce personnage difficile. Cavalier.... pris de vin....

LE COMTE.

Tu te moques de moi. (*prenant un ton ivre.*) N'est-ce point ici la maison du Docteur Bartholo, mon ami ?

FIGARO.

Pas mal, en vérité ; vos jambes seulement un peu plus avinées. (*D'un ton plus ivre.*) N'est-ce pas ici la maison....

D

LE COMTE.

Fi donc ! tu as l'ivresse du peuple.

FIGARO.

C'est la bonne ; c'est celle du plaisir.

LE COMTE.

La porte s'ouvre.

FIGARO.

C'est notre homme : éloignons-nous jusqu'à ce qu'il soit parti.

SCENE V.

LE COMTE & FIGARO cachés. BARTHOLO.

BARTHOLO *sort en parlant à la maison.*

JE reviens à l'instant ; qu'on ne laisse entrer personne. Quelle sottise à moi d'être descendu ! Dès qu'elle m'en prioit, je devois bien me douter.... Et Bazile qui ne vient pas ! Il devoit tout arranger pour que mon mariage se fît secretement demain : & point de nouvelles ! Allons voir ce qui peut l'arrêter.

SCENE VI.

LE COMTE, FIGARO.

LE COMTE.

QU'ai-je entendu ? Demain il épouse Rosine en secret ?

FIGARO.

Monseigneur, la difficulté de réussir, ne fait qu'ajouter à la nécessité d'entreprendre.

LE COMTE.

Quel est donc ce Bazile qui se mêle de son mariage ?

FIGARO.

Un pauvre here qui montre la Musique à sa pupille ; infatué de son art, friponneau, besoigneux, à genoux devant un écu, dont il sera facile de venir à bout, Monseigneur.... *regardant à la jalousie.* La v'là ; la v'là.

LE COMTE.

Qui donc ?

FIGARO.

Derriere sa jalousie, la voilà, la voilà. ne regardez pas, ne regardez donc pas.

LE COMTE.

Pourquoi ?

FIGARO.

Ne vous écrit-elle pas : *chantez indifféremment* ? c'est-à-dire, chantez, comme si vous chantiez ... seulement pour chanter. Oh ! la v'là, la v'là.

LE COMTE.

Puisque j'ai commencé à l'intéresser sans être connu d'elle, ne quittons point le nom de Lindor que j'ai pris ; mon triomphe en aura plus de charmes. (*Il déplie le papier que Rosine a jetté.*) Mais comment chanter sur cette musique ! je ne sais pas faire de vers, moi.

FIGARO.

Tout ce qui vous viendra, Monseigneur, est excellent : en amour, le cœur n'eſt pas difficile ſur les productions de l'eſprit....& prenez ma guittarre.

LE COMTE.

Que veux-tu que j'en faſſe ? j'en joue ſi mal !

FIGARO.

Eſt-ce qu'un homme comme vous ignore quelque choſe ! avec le dos de la main ; from, from, from.... Chanter ſans guittarre à Séville ! vous ſeriez bientôt reconnu, ma foi, bientôt dépiſté.

(Figaro ſe colle au mur ſous le balcon)

LE COMTE chante en ſe promenant, & s'accompagnant ſur ſa guittarre.

PREMIER COUPLET.

Vous l'ordonnez ; je me ferai connoître.
Plus inconnu, j'oſois vous adorer :
En me nommant, que pourrois-je eſpérer ?
N'importe, il faut obéir à ſon maître.

FIGARO, bas.

Fort bien ; parbleu ! Courage, Monſeigneur.

LE COMTE.

DEUXIEME COUPLET.

Je ſuis Lindor ; ma naiſſance eſt commune ;
Mes vœux ſont ceux d'un ſimple Bachelier ;
Que n'ai je, hélas ! d'un brillant Chevalier,
A vous offrir le rang & la fortune.

FIGARO.

Eh comment diable ! je ne ferois pas mieux, moi qui m'en pique.

LE COMTE.

TROISIEME COUPLET.

Tous les matins, ici d'une voix tendre,
Je chanterai mon amour ſans eſpoir ;
Je bornerai mes plaiſirs à vous voir ;
Et puiſſiez-vous en trouver à m'entendre.

FIGARO.

Oh ma foi, pour celui-ci !... *(Il s'approche, & baiſe le bas de l'habit de ſon Maître.)*

LE COMTE.

Figaro ?

FIGARO.

Excellence ?

LE COMTE.

Crois-tu que l'on m'ait entendu ?

ROSINE, en dedans chante.
AIR Du Maître en Droit.
Tout me dit que Lindor eſt charmant,
Que je dois l'aimer conſtamment....

(On entend une croiſée qui ſe ferme avec bruit.)

FIGARO.

Croyez-vous qu'on vous ait entendu cette fois ?

LE COMTE.

Elle a fermé ſa fenêtre ; quelqu'un apparemment eſt entré chez elle.

FIGARO.

Ah la pauvre petite ! comme elle tremble en chantant ! Elle eſt priſe, Monſeigneur. **LE COMTE.**

Elle ſe ſert du moyen qu'elle même a indiqué. *Tout me dit que Lindor eſt charmant.* Que de graces ! Que d'eſprit !

FIGARO.

Que de rufe ! que d'amour !

LE COMTE.

Crois-tu qu'elle fe donne à moi, Figaro ?

FIGARO.

Elle paffera plutôt à travers cette jalonfie que d'y manquer.

LE COMTE.

C'en eft fait, je fuis à ma Rofine.... pour la vie.

FIGARO.

Vous oubliez, Monfeigneur, qu'elle ne vous entend plus.

LE COMTE.

Monfieur Figaro ! je n'ai qu'un mot à vous dire : elle fera ma femme ; & fi vous fervez bien mon projet en lui cachant mon nom... tu m'entends ; tu me connois....

FIGARO.

Je me rends. Allons, Figaro, vole à la fortuné, mon fils.

LE COMTE.

Retirons-nous, crainte de nous rendre fufpects.

FIGARO, *vivement.*

Moi, j'entre ici, où, par la force de mon art, je vais d'un feul coup de baguette, endormir la vigilance, éveiller l'amour, égarer la jaloufie, fourvoyer l'intrigue, & renverfer tous les obftacles. Vous, Monfeigneur, chez moi, l'habit de foldat, le billet de logement, & de l'or dans vos poches.

LE COMTE.

Pour qui de l'or?

FIGARO, *vivement.*

De l'or, mon Dieu, de l'or : c'eft le nerf de l'intrigue.

LE COMTE.

Ne te fâche pas, Figaro, j'en prendrai beaucoup.

FIGARO, *s'en allant.*

Je vous rejoins dans peu.

LE COMTE.

Figaro ?

FIGARO.

Qu'eft-ce que c'eft ?

LE COMTE.

Et ta guittarre ?

FIGARO, *revient.*

J'oublie ma guittarre ! moi ! je fuis donc fou !

(*Il s'en va.*)

LE COMTE.

Et ta demeure, étourdi?

FIGARO, *revient.*

Ah ! réellement je fuis frappé ! Ma boutique à quatre pas d'ici, peinte en bleu, vitrage en plomb, trois palettes en l'air, l'œil dans la main, *Confilio manuque.* FIGARO.

(*Il s'enfuit.*)

Fin du premier Acte.

ACTE II.

Le Théâtre repréfente l'appartement de ROSINE. La croifée dans le fond du Théâtre eſt fermée par une jaloufie grillée.

SCENE PREMIERE.

ROSINE, *feule, un bougeoir à la main. Elle prend du papier ſur la table & ſe met à écrire.*

Marceline eſt malade ; tous les gens font occupés ; & perfonne ne me voit écrire. Je ne fais fi ces murs ont des yeux & des oreilles , ou fi mon Argus a un génie malfaifant qui l'inſtruit à point nommé ; mais je ne puis dire un mot , ni faire un pas dont il ne devine fur le champ l'intention.... Ah Lindor! (*Elle cachette la lettre.*) Fermons toujours ma lettre , quoique j'ignore quand & comment je pourrai la lui faire tenir. Je l'ai vu à travers ma jaloufie parler long-tems au Barbier Figaro. C'eſt un bon homme qui m'a montré quelquefois de la pitié ; fi je pouvois l'entretenir un moment.

SCENE II.

ROSINE, FIGARO.
ROSINE, *furprife.*

AH! Monfieur Figaro , que je fuis aife de vous voir !

FIGARO.

Votre fanté , Madame ?

ROSINE.

Pas trop bonne , Monfieur Figaro. l'ennui me tue.

FIGARO.

Je le crois ; il n'engraiffe que les fots.

ROSINE.

Avec qui parliez-vous donc là-bas fi vivement ? je n'entendois pas : mais....

FIGARO.

Avec un jeune Bachèlier de mes parens de la plus grande efpérance ; plein d'efprit , de fentimens , de talens , & d'une figure fort revenante.

ROSINE.

Oh, tout-à-fait bien, je vous affure ; il fe nomme ?....

FIGARO.

Lindor. Il n'a rien. Mais , s'il n'eût pas quitté brufquement Madrid, il pouvoit y trouver quelque bonne place.

ROSINE.

Il en trouvera, Mr. Figaro , il en trouvera. Un jeune homme tel que vous me le dépeignez, n'eſt pas fait pour reſter inconnu.

FIGARO, *à part.*

Forr-bien (*Haut.*) Mais il a un grand défaut qui nuira toujours à fon avancement.

ROSINE.

Un défaut, Monfieur Figaro ! un défaut ! en êtes-vous bien fûr ?

FIGARO.

Il eſt amoureux.

ROSINE.

Il est amoureux ! & vous appellez cela un défaut ?

FIGARO.

A la vérité, ce n'en est un que relativement à sa mauvaise fortune.

ROSINE.

Ah ! que le fort est injuste ! & nomme-t-il la personne qu'il aime ? je suis d'une curiosité.

FIGARO.

Vous êtes la derniere, Madame, à qui je voudrois faire une confidence de cette nature.

ROSINE, *vivement.*

Pourquoi, Monsieur Figaro ? je suis discrette ; ce jeune homme vous appartient, il m'intéresse infiniment.... dites-donc.

FIGARO, *la regarde finement.*

Figurez-vous, la plus jolie petite mignone, douce, tendre, accorte & fraîche, agaçant l'appétit, pied furtif, taille adroite, élancée, bras dodus, bouche rozée, & des mains ! des joues ! des dents ! des yeux....

ROSINE.

Qui reste en cette ville ?

FIGARO.

En ce quartier.

ROSINE.

Dans cette rue peut-être ?

FIGARO.

A deux pas de moi.

ROSINE.

Ah ! que c'est charmant,... pour Monsieur votre parent. Et cette personne est ?

FIGARO.

Je ne l'ai pas nommée ?

ROSINE, *vivement.*

C'est la seule chose que vous ayez oubliée, M. Figaro. Dites donc, dites donc vîte ; si l'on rentroit ; je ne pourrois plus savoir....

FIGARO.

Vous le voulez absolument, Madame ? Eh bien ! cette personne est.... la Pupille de votre Tuteur.

ROSINE.

La Pupille ?

FIGARO.

Du Docteur Bartholo : oui, Madame.

ROSINE, *avec émotion.*

Ah, Monsieur Figaro ! ... je ne vous crois pas, je vous assure.

FIGARO.

Et c'est ce qu'il brûle de venir vous persuader lui-même.

ROSINE.

Vous me faites trembler, Monsieur Figaro.

FIGARO.

Fi donc ; trembler ! mauvais calcul, Madame ; quand on cede à la peur du mal, on ressent déjà le mal de la peur. D'ailleurs, je viens de vous débarrasser de tous vos surveillans, jusqu'à demain.

ROSINE.

S'il m'aime, il doit me le prouver, en restant absolument tranquille.

FIGARO.

Eh, Madame! amour & repos peuvent-ils habiter en même cœur? La pauvre jeunesse est si malheureuse aujourd'hui, qu'elle n'a que ce terrible choix: amour sans repos, ou repos sans amour.

ROSINE, *baissant les yeux.*

Repos sans amour.... paroît...

FIGARO.

Ah! bien languissant. Il semble, en effet, qu'amour sans repos, se présente de meilleure grace: & pour moi, si j'étois femme...

ROSINE, *avec embarras.*

Il est certain qu'une jeune personne ne peut empêcher un honnête-homme de l'estimer. Mais s'il alloit faire quelque imprudence, Mr. Figaro, il nous perdroit.

FIGARO, *à part.*

Il nous perdroit. (*Haut.*) Si vous le lui défendiez expressément par une petite lettre.... Une lettre a bien du pouvoir.

ROSINE, *lui donne la lettre qu'elle vient d'écrire.*

Je n'ai pas le tems de recommencer celle-ci, mais en la lui donnant, dites-lui.... dites-lui bien. (*Il écoute.*)

FIGARO.

Personne, Madame.

ROSINE.

Que c'est par pure amitié tout ce que je fais.

FIGARO.

Cela parle de soi. Tudieu! l'amour a bien une autre allure!

ROSINE.

Que par pure amitié, entendez-vous! Je crains seulement que rebuté par les difficultés....

FIGARO.

Oui quelque feu follet. Souvenez-vous, Madame, que le vent qui éteint une lumiere, allume un brasier, & que nous sommes ce brasier-là. D'en parler seulement, il exhale un tel feu qu'il m'a presque enfiévré (*) de sa passion, moi qui n'y ai que voir!

ROSINE.

Dieux! j'entends mon Tuteur. S'il vous trouve ici... passez par le cabinet du clavecin & descendez le plus doucement que vous pourrez.

FIGARO.

Soyez tranquille. (*à part.*) Voici qui vaut mieux que mes observations. (*Il entre dans le cabinet.*)

(*) Le mot *Enfiévré*, qui n'est plus françois, a excité la plus vive indignation parmi les puritains Littéraires; je ne conseille à aucun galant homme de s'en servir; Mais Monsieur Figaro!...

SCENE III.

ROSINE, *seule.*

Je meurs d'inquiétude jusqu'à ce qu'il soit dehors... Que je l'aime ce bon Figaro! c'est un bien honnête-homme, un bon parent! Ah! voilà mon tyran, reprenons mon ouvrage. (*Elle souffle la bougie, s'assied, & prend une broderie au tambour.*)

SCENE IV.

BARTHOLO, ROSINE.

BARTHOLO, en colere.

AH! malédiction! l'enragé, le scélérat corsaire de Figaro! Là, peut-on sortir un moment de chez soi, sans être sûr en rentrant...

ROSINE.

Qui vous met donc si fort en colere, Monsieur?

BARTHOLO.

Ce damné de Barbier qui vient d'écloper toute ma maison, en un tour de main; il donne un narcotique à l'Eveillé, un sternutatoire à la Jeunesse; il saigne au pied Marceline: il n'y a pas jusqu'à ma mule.... sur les yeux d'une pauvre bête aveugle un cataplasme! parce qu'il me doit cent écus, il se presse de faire des mémoires. Ah! qu'il les apporte! & personne à l'antichambre; on arrive à cet appartement comme à la place d'armes.

ROSINE.

Et qui peut y pénétrer que vous, Monsieur?

BARTHOLO.

J'aime mieux craindre sans sujet, que de m'exposer sans précaution, tout est plein de gens entreprenans, d'audacieux.... N'a-t-on pas ce matin encore ramassé lestement votre chanson pendant que j'allois la chercher? oh! je....

ROSINE.

C'est bien mettre à plaisir de l'importance à tout! le vent peut avoir éloigné ce papier, le premier venu, que sais-je?

BARTHOLO.

Le vent, le premier venu!... Il n'y a point de vent, Madame, point de premier venu dans le monde, & c'est toujours quelqu'un posté-là exprès, qui ramasse les papiers qu'une femme a l'air de laisser tomber par mégarde.

ROSINE.

A l'air, Monsieur?

BARTHOLO.

Oui, Madame, a l'air.

ROSINE, à part.

Oh! le méchant vieillard!

BARTHOLO.

Mais tout cela n'arrivera plus; car je vais faire sceller cette grille.

ROSINE.

Faites mieux; murez les fenêtres tout d'un coup; d'une prison à un cachot; la différence est si peu de chose!

BARTHOLO.

Pour celles qui donnent sur la rue? ce ne seroit pas si mal.... Ce Barbier n'est pas entré chez vous, au moins.

ROSINE.

Vous donne-t-il aussi de l'inquiétude?

BARTHOLO.

Tout comme un autre.

ROSINE.

ROSINE.

Que vos répliques sont honnêtes !

BARTHOLO.

Ah ! fiez-vous à tout le monde, & vous aurez bientôt à la maison une bonne femme pour vous tromper, de bons amis pour vous la souffler, & de bons valets pour les y aider.

ROSINE.

Quoi, vous n'accordez pas même qu'on ait des principes contre la séduction de Monsieur Figaro ?

BARTHOLO.

Qui diable entend quelque chose à la bizarrerie des femmes ?

ROSINE, *en colere.*

Mais, Monsieur, s'il suffit d'être homme pour nous plaire, pourquoi donc me déplaisez-vous si fort ?

BARTHOLO, *stupéfait.*

Pourquoi ?... Pourquoi ?... Vous ne répondez pas à ma question sur ce Barbier ?

ROSINE, *outrée.*

Eh bien oui, cet homme est entré chez moi ; je l'ai vu, je lui ai parlé. Je ne vous cache pas même que je l'ai trouvé fort aimable : & puissiez-vous en mourir de dépit. *(Elle sort.)*

SCENE V.

BARTHOLO, *seul.*

OH ! les juifs ! les chiens de valets ! La Jeunesse ? l'Eveillé ? l'Eveillé maudit !

SCENE VI.

BARTHOLO, L'EVEILLÉ.

L'EVEILLÉ *arrive en bâillant, tout endormi.*

Ah, aah, ah, ah...

BARTHOLO.

Où étois-tu, peste d'étourdi, quand ce Barbier est entré ici ?

L'EVEILLÉ.

Monsieur, j'étois... ah, aah, ah...

BARTHOLO.

A machiner quelque espiéglerie, sans doute ? Et tu ne l'as pas vu ?

L'EVEILLÉ.

Surement, je l'ai vu ; puisqu'il m'a trouvé tout malade à ce qu'il dit ; & il faut bien que ça soit vrai, car j'ai commencé à me douloir dans tous les membres, rien qu'en l'en entendant parl..... Ah, ah, aah.

BARTHOLO, *le contrefaisant.*

Rien qu'en l'en entendant ! Où donc est ce vaurien de la Jeunesse ! Droguer ce petit garçon sans mon ordonnance ! il y a quelque friponnerie là-dessous.

E

SCENE VII.

LES ACTEURS PRÉCÉDENS. (*La Jeuneſſe arrive en vieillard avec une canne en béquille ; il éternue pluſieurs fois.*

L'EVEILLÉ, *toujours bâillant.*

LA Jeuneſſe.

BARTHOLO.

Tu éternueras Dimanche,

LA JEUNESSE.

Voilà plus de cinquante.... cinquante fois.... dans un moment, (*Il éternue.*) je ſuis briſé.

BARTHOLO.

Comment ! je vous demande à tous deux s'il eſt entré quelqu'un chez Roſine, & vous ne me dites pas que ce Barbier....

L'EVEILLÉ, *continuant de bâiller.*

Eſt-ce que c'eſt quelqu'un donc Monſieur Figaro ? Aah, ah...

BARTHOLO.

Je parie que le ruſé s'entend avec lui.

L'EVEILLÉ, *pleurant comme un ſot.*

Moi.... Je m'entends !

LA JEUNESSE, *éternuant.*

Eh mais, Monſieur, y a-t-il.... y a-t-il de la juſtice ?

BARTHOLO.

De la juſtice ! c'eſt bon entre vous autres, miſérables, la juſtice ! je ſuis votre maître moi, pour avoir toujours raiſon.

LA JEUNESSE, *éternuant.*

Mais pardi, quand une choſe eſt vraie....

BARTHOLO.

Quand une choſe eſt vraie ? ſi je ne veux pas qu'elle ſoit vraie, je prétends bien qu'elle ne ſoit pas vraie ; il n'y auroit qu'à permettre à tous ces faquins-là d'avoir raiſon, vous verriez bientôt ce que deviendroit l'autorîté.

LA JEUNESSE, *éternuant.*

J'aime autant recevoir mon congé. Un ſervice terrible, & toujours un train d'enfer. **L'EVEILLÉ**, *pleurant.*

Un pauvre homme de bien eſt traité comme un miſérable.

BARTHOLO.

Sors donc, pauvre homme de bien. (*Il le contrefait.*) Et t'chi, & t'cha ; l'un m'éternue au nez, l'autre m'y bâille.

LA JEUNESSE.

Ah ; Monſieur, je vous jure que ſans Mademoiſelle, il n'y auroit... il n'y auroit pas moyen de reſter dans la maiſon. (*Il ſort en éternuant.*)

SCENE VIII.

BARTHOLO, DON BAZILE ; FIGARO *caché dans le cabinet paroît de tems en tems & les écoute.*

BARTHOLO.

AH ! Don Bazile, vous veniez donner à Roſine ſa leçon de muſique ?

BAZILE.
C'eſt ce qui preſſe le moins.
BARTHOLO.
J'ai paſſé chez vous ſans vous trouver.
BAZILE.
J'étois ſorti pour vos affaires. Apprenez une nouvelle aſſez fâcheuſe.
BARTHOLO.
Pour vous ?
BAZILE.
Non , pour vous. Le Comte Almaviva eſt en cette ville.
BARTHOLO.
Parlez bas. Celui qui faiſoit chercher Roſine dans tout Madrid ?
BAZILE.
Il loge à la grande place , & ſort tous les jours déguiſé.
BARTHOLO.
Il n'en faut point douter, cela me regarde. Et que faire ?
BAZILE.
Si c'étoit un particulier , on viendroit à bout de l'écarter.
BARTHOLO.
Oui , en s'embuſquant le ſoir, armé, cuiraſſé....
BAZILE.
Bone Deus ! Se compromettre ! Suſciter une méchante affaire , à la bonne heure , & pendant la fermentation calomnier à dire d'Expert ; *concedo.* BARTHOLO.
Singulier moyen de ſe défaire d'un homme !
BAZILE.
La calomnie , Monſieur ? vous ne ſavez gueres ce que vous dédaignez ; j'ai vu les plus honnêtes gens prêts d'en être accablés. Croyez qu'il n'y a pas de plate méchanceté , pas d'horreurs, pas de conte abſurde qu'on ne faſſe adopter aux oiſifs d'une grande ville en s'y prenant bien : & nous avons ici des gens d'une adreſſe !.... D'abord un bruit léger , raſant le ſol comme hirondelle avant l'orage, *Pianiſſimo*, murmure & file , & ſeme en courant le trait empoiſonné. Telle bouche le recueille , & *piano* , *piano* vous le gliſſe en l'oreille adroitement. Le mal eſt fait , il germe , il rampe , il chemine , & *rinforzando* de bouche en bouche il va le diable ; puis tout à coup , ne ſais commeut, vous voyez calomnie ſe dreſſer , ſiffler , s'enfler , grandir à vue d'œil. Elle s'élance , étend ſon vol , tourbillonne , enveloppe , arrache , entraîne , éclate , & tonne ; & devient , grace au Ciel , un cri général , un *creſcendo* public , un *chorus* univerſel de haine & de proſcription. Qui diable y réſiſteroit ?
BARTHOLO.
Mais quel radotage me faites-vous donc-là , Bazile ? & quel rapport ce *piano-creſcendo* peut-il avoir à ma ſituation ?
BAZILE.
Comment, quel rapport ? ce qu'on fait par-tout pour écarter ſon ennemi, il faut le faire ici pour empêcher le vôtre d'approcher.
BARTHOLO.
D'approcher ? Je prétends bien épouſer Roſine avant qu'elle apprenne ſeulement que ce Comte exiſte.

BAZILE.

En ce cas vous n'avez pas un inftant à perdre.

BARTHOLO.

Et à qui tient-il, Bazile? Je vous ai chargé de tous les détails de cette affaire.

BAZILE.

Oui. Mais vous avez léfiné fur les frais; & dans l'harmonie du bon ordre, un mariage inégal, un jugement inique, un paffe-droit évident, font des diffonances qu'on doit toujours préparer & fauver par l'accord parfait de l'or.

BARTHOLO, *lui donnant de l'or.*

Il faut en paffer par où vous voulez; mais finiffons.

BAZILE.

Cela s'appelle parler. Demain tout fera terminé; c'eft à vous d'empêcher que perfonne, aujourd'hui, ne puiffe inftruire la pupille.

BARTHOLO.

Fiez-vous-en à moi. Viendrez-vous ce foir, Bazile?

BAZILE.

N'y comptez pas. Votre mariage feul m'occupera toute la journée; n'y comptez pas.

BARTHOLO, *l'accompagne,*

Serviteur.

BAZILE.

Reftez, Docteur, reftez donc.

BARTHOLO.

Non pas. Je veux fermer fur vous la porte de la rue.

SCENE IX.

FIGARO, *feul, fortant du cabinet.*

OH! la bonne précaution! Ferme, ferme la porte de la rue, & moi je vais la r'ouvrir au Comte en fortant. C'eft un grand mataud que ce Bazile! heureufement il eft encore plus fot. Il faut un état, une famille, un nom, un rang, de la confiftance enfin, pour faire fenfation dans le monde en calomniant. Mais un Bazile! il médiroit qu'on ne le croiroit pas.

SCENE X.

ROSINE, *accourant,* FIGARO.

ROSINE.

Quoi! vous êtes encore là, Monfieur Figaro?

FIGARO.

Très-heureufement pour vous, Mademoifelle. Votre Tuteur & votre Maître de Mufique, fe croyant feuls ici, viennent de parler à cœur ouvert...

ROSINE.

Et vous les avez écoutés, Monfieur Figaro? mais fayez-vous que c'eft fort mal.

FIGARO.

D'écouter! C'eft pourtant ce qu'il y a de mieux pour bien entendre. Apprenez que votre Tuteur fe difpofe à vous époufer demain.

ROSINE.

Ah! grands Dieux!

FIGARO.

Ne craignez rien ; nous lui donnerons tant d'ouvrage, qu'il n'aura pas le tems de songer à celui-là.

ROSINE.

Le voici qui revient ; sortez donc par le petit escalier. Vous me faites mourir de frayeur. *(Figaro s'enfuit.)*

SCENE XI.
BARTHOLO, ROSINE.
ROSINE.

Vous étiez ici avec quelqu'un, Monsieur ?

BARTHOLO.

Don Bazile que j'ai reconduit, & pour cause. Vous eussiez mieux aimé que c'eût été Monsieur Figaro ?

ROSINE.

Cela m'est fort égal, je vous assure.

BARTHOLO.

Je voudrois bien savoir ce que ce Barbier avoit de si pressé à vous dire ?

ROSINE.

Faut-il parler sérieusement ; il m'a rendu compte de l'état de Marceline, qui même n'est pas trop bien à ce qu'il dit.

BARTHOLO.

Vous rendre compte ! Je vais parier qu'il étoit chargé de vous remettre quelque lettre.   ROSINE.

Et de qui, s'il vous plaît ?

BARTHOLO.

Oh, de qui ! de quelqu'un que les femmes ne nomment jamais. Que sais-je moi ? Peut-être la réponse au papier de la fenêtre.

ROSINE, *à part.*

Il n'en a pas manqué une seule. *(Haut.)* Vous mériteriez bien que cela fût.   BARTHOLO *regarde les mains de Rosine.*

Cela est. Vous avez écrit.

ROSINE, *avec embarras.*

Il seroit assez plaisant que vous eussiez le projet de m'en faire convenir.

BARTHOLO, *lui prenant la main droite.*

Moi, point du tout ; mais votre doigt encore taché d'encre ! Hein ? rusée signora !   ROSINE, *à part.*

Maudit homme !

BARTHOLO *lui tenant toujours la main.*

Une femme se croit bien en sûreté parce qu'elle est seule.

ROSINE.

Ah ! sans doute.... la belle preuve ! Finissez donc, Monsieur, vous me tordez le bras. Je me suis brûlée en chiffonnant autour de cette bougie ; & l'on m'a toujours dit qu'il falloit aussi-tôt tremper dans l'encre ; c'est ce que j'ai fait.

BARTHOLO.

C'est ce que vous avez fait ! Voyons donc si un second témoin confirmera la déposition du premier. C'est ce cayer de papier où je suis certain qu'il y avoit six feuilles ; car je les compte tous les matins, aujourd'hui encore.

ROSINE, *à part.*

(Oh, l'imbécille !) La fixieme....

BARTHOLO, *comptant.*

Trois, quatre, cinq ; je vois bien qu'elle n'y eft pas, la fixieme.

ROSINE, *baiffant les yeux.*

La fixieme ? je l'ai employée à faire un cornet pour des bonbons que j'ai envoyés à la petite Figaro.

BARTHOLO.

A la petite Figaro ? & la plume qui étoit toute neuve, comment eft-elle devenue noire ? Eft-ce en écrivant l'adreffe de la petite Figaro ?

ROSINE, *à part.*

Cet homme a un inftinct de jaloufie !... (*Haut.*) Elle m'a fervi à retracer une fleur effacée fur la vefte que je vous brode au tambour.

BARTHOLO.

Que cela eft édifiant ! Pour qu'on vous crût, mon enfant, il faudroit ne pas rougir en déguifant coup fur coup la vérité ; mais c'eft ce que vous ne favez pas encore.

ROSINE.

Et qui ne rougiroit pas, Monfieur, de voir tirer des conféquences auffi malignes des chofes le plus innocemment faites.

BARTHOLO.

Certes, j'ai tort ; fe brûler le doigt, le tremper dans l'encre, faire des cornets aux bonbons de la petite Figaro, & deffiner ma vefte au tambour ! quoi de plus innocent ! Mais que de menfonges entaffés pour cacher un feul fait ! *Je fuis feule, on ne me voit point, je pourrai mentir à mon aife* mais le bout du doigt refte noir, la plume eft tachée, le papier manque ; on ne fauroit penfer à tout. Bien certainement, Signora, quand j'irai par la ville, un bon double tour me répondra de vous.

SCENE XII.

LE COMTE, BARTHOLO, ROSINE.

LE COMTE, *en uniforme de Cavalerie, ayant l'air d'être entre deux vins, & chantant :* (Reveillons-la, &c.)

BARTHOLO.

Mais que nous veut cet homme ! Un foldat ! Rentrez chez vous, Signora.

LE COMTE *chante :* Reveillons-la, *& s'avance vers Rofine.*

Qui de vous deux, Mefdames, fe nomme le Docteur Balordo, (*à Rofine bas.*) Je fuis Lindor.

BARTHOLO.

Bartholo !

ROSINE, *à part.*

Il parle de Lindor.

LE COMTE.

Balordo ; Barque à l'eau ; je m'en moque comme de ça. Il s'agit feulement de favoir laquelle des deux.... (*à Rofine, lui montrant un papier.*) Prènez cette lettre.

BARTHOLO.

Laquelle ! Vous voyez bien que c'eſt moi. Laquelle ! Rentrez donc Roſine , cet homme paroît avoir du vin.

ROSINE.

C'eſt pour cela, Monſieur, vous êtes ſeul. Une femme en impoſe quelquefois. BARTHOLO.

Rentrez, rentrez, je ne ſuis pas timide.

SCENE XIII.

LE COMTE, BARTHOLO.

LE COMTE.

OH ! je vous ai reconnu d'abord à votre ſignalement.

BARTHOLO, *au Comte qui ſerre la lettre.*

Qu'eſt-ce que c'eſt donc que vous cachez-là dans votre poche ?

LE COMTE.

Je lē cache dans ma poche pour que vous ne ſachiez pas ce que c'eſt.

BARTHOLO.

Mon ſignalement ! ces gens-là croyent toujours parler à des ſoldats !

LE COMTE.

Penſez-vous que ce ſoit une choſe ſi difficile à faire que votre ſignalement ?

> Le chef branlant , la tête chauve,
> Les yeux vérons , le regard fauve,
> L'air farouche d'un Algonquin.....

BARTHOLO.

Qu'eſt-ce que cela veut dire ! Etes-vous ici pour m'inſulter ? dé-logez à l'inſtant. LE COMTE.

Déloger ! Ah , fi ! que c'eſt mal parler ! Savez-vous lire, Docteur... Barbe à l'eau. BARTHOLO.

Autre queſtion ſaugrenue.

LE COMTE.

Oh ! que cela ne vous faſſe point de peine ; car , moi , qui ſuis pour le moins auſſi Docteur que vous....

BARTHOLO.

Comment cela ?

LE COMTE.

Eſt-ce que je ne ſuis pas le médecin des chevaux du Régiment ; Voilà pourquoi on m'a exprès logé chez un Confrere.

BARTHOLO.

Oſer comparer un Marêchal !...

LE COMTE.

AIR : *Vive le Vin.*

Sans chanter.	Non , Docteur, je ne prétends pas, Que notre art obtienne le pas Sur Hypocrate & ſa brigade.
En chantant.	Votre ſavoir, mon camarade, Eſt d'un ſuccès plus général ; Car s'il n'emporte point le mal , Il emporte au moins le malade.

C'eſt-il poli ce que je vous dis-là ?

BARTHOLO.

Il vous fied bien, Manipuleur ignorant! de ravaler ainfi le premier, le plus grand & le plus utile des arts.

LE COMTE.

Utile tout-à-fait, pour ceux qui l'exercent.

BARTHOLO.

Un art dont le foleil s'honore d'éclairer les fuccès.

LE COMTE.

Et dont la terre s'empreffe de couvrir les bévues.

BARTHOLO.

On voit bien, mal-appris, que vous n'êtes habitué de parler qu'à des chevaux.

LE COMTE.

Parler à des chevaux? Ah, Docteur! Pour un Docteur d'efprit.... n'eft-il pas de notoriété que le Maréchal guérit toujours fes malades fans leur parler; au lieu que le Médecin parle beaucoup aux fiens....

BARTHOLO.

Sans les guérir, n'eft-ce pas?

LE COMTE.

C'eft vous qui l'avez dit.

BARTHOLO,

Qui diable envoie ici ce maudit ivrogne!

LE COMTE.

Je crois que vous me lâchez des épigrammes, l'Amour!

BARTHOLO.

Enfin, que voulez-vous? que demandez-vous?

LE COMTE, *feignant une grande colere.*

Eh bien donc, il s'enflamme! Ce que je veux? Eft-ce que vous ne le voyez pas?

SCENE XIV.

LES PRECEDENS. ROSINE.

ROSINE, *accourant.*

Monfieur le foldat, ne vous emportez point, de grace (*à Bartholo.*) Parlez-lui doucement, Monfieur : un homme qui déraifonne.

LE COMTE.

Vous avez raifon; il déraifonne, lui; mais nous fommes raifonnables nous! Moi poli, & vous jolie.... Enfin, fuffit. La vérité, c'eft que je ne veux avoir affaire qu'à vous dans la maifon.

ROSINE.

Que puis-je pour votre fervice, Monfieur le foldat?

LE COMTE.

Une petite bagatelle, mon enfant. Mais s'il y a de l'obfcurité dans mes phrafes...

ROSINE.

J'en faifirai l'efprit.

LE COMTE, *lui montrant la lettre.*

Non, attachez-vous à la lettre, à la lettre. Il s'agit feulement.... Mais je dis en tout bien, tout honneur, que vous me donniez à coucher ce foir.

BARTHOLO.

BARTHOLO.

Rien que cela?

LE COMTE.

Pas davantage. Lifez le billet doux que notre Maréchal des Logis vous écrit.

BARTHOLO.

Voyons. (*Le Comte cache la lettre & lui donne un autre papier.*) (*Bartholo lit.*) » Le Docteur Bartholo, recevra, nourrira, heber- » gera, couchera....

LE COMTE, *appuyant.*

Couchera....

BARTHOLO.

» Pour une nuit feulement, le nommé Lindor, dit l'Ecolier, Ca- » valier au Régiment....

ROSINE.

C'eft lui, c'eft lui-même.

BARTHOLO, *vivement à Rofine.*

Qu'eft-ce qu'il y a?

LE COMTE.

Eh bien, ai-je tort à préfent, Docteur Barbaro?

BARTHOLO.

On diroit que cet homme fe fait un malin plaifir de m'eftropier de toutes les manieres poffibles : allez au diable Barbaro! Barbe à l'eau! & dites à votre impertinent Maréchal des Logis, que depuis mon voyage à Madrid, je fuis exempt de loger des gens de guerre.

LE COMTE, *à part.*

O Ciel? fâcheux contre tems.

BARTHOLO.

Ah, ah! notre ami, cela vous contrarie & vous dégrife un peu! mais n'en décampez pas moins à l'inftant.

LE COMTE, *à part.*

J'ai penfé me trahir. (*haut.*) Décamper! fi vous êtes exempt des gens de guerre, vous n'êtes pas exempt de politeffe, peut-être? Dé- camper! Montrez-moi votre brevet d'exemption; quoique je ne fa- che pas lire, je verrai bientôt....

BARTHOLO.

Qu'à cela ne tienne. Il eft dans ce bureau.

LE COMTE, *pendant qu'il y va, dit, fans quitter fa place.*

Ah! ma belle Rofine.

ROSINE.

Quoi! Lindor, c'eft vous?

LE COMTE.

Recevez au moins cette lettre.

ROSINE.

Prenez garde, il a les yeux fur nous.

LE COMTE.

Tirez votre mouchoir, je la laifferai tomber. (*Il s'approche.*)

BARTHOLO.

Doucement, doucement, Seigneur foldat, je n'aime point qu'on regarde ma femme de fi près.

LE COMTE.

Elle eft votre femme?

E

BARTHOLO.

Et quoi donc ?

LE COMTE.

Je vous ai pris pour son bisayeul paternel, maternel, sempiternel; il y a au moins trois générations entre elle & vous.

BARTHOLO, *lit un parchemin.*

» Sur les bons & fideles témoignages qui nous ont été rendus....

LE COMTE *donne un coup de main sous les parchemins, qui les envoie au plancher.*

Est-ce que j'ai besoin de tout ce verbiage.

BARTHOLO.

Savez-vous bien, soldat, que si j'appelle mes gens, je vous fais traiter sur le champ comme vous le méritez.

LE COMTE.

Bataille ? Ah, volontiers, bataille ! c'est mon métier à moi; (*montrant son pistolet de ceinture*) & voici de quoi leur jetter de la poudre aux yeux. Vous n'avez peut-être jamais vu de bataille, Madame ?

ROSINE.

Ni ne veux en voir.

LE COMTE.

Rien n'est pourtant aussi gai que bataille ; figurez-vous (*poussant le Docteur.*) d'abord que l'ennemi est d'un côté du ravin, & les amis de l'autre. (*à Rosine lui montrant la lettre.*) Sortez le mouchoir. (*Il crache à terre.*) Voilà le Ravin, cela s'entend. (*Rosine tire son mouchoir; le Comte laisse tomber sa lettre entre elle & lui.*)

BARTHOLO, *se baissant.*

Ah, ah !....

LE COMTE, *la reprend & dit.*

Tenez... moi qui allois vous apprendre ici les secrets de mon métier... Une femme bien discrete, en vérité ! Ne voilà-t-il pas un billet doux qu'elle laisse tomber de sa poche !

BARTHOLO.

Donnez, donnez.

LE COMTE.

Dulciter, Papa ! chacun son affaire. Si une ordonnance de rhubarbe étoit tombée de la vôtre ?...

ROSINE, *avance la main.*

Ah ! je sais ce que c'est, Monsieur le soldat. (*Elle prend la lettre qu'elle cache dans la petite poche de son tablier.*)

BARTHOLO.

Sortez-vous enfin.

LE COMTE.

Eh bien, je sors : adieu, Docteur, sans rancune. Un petit compliment, mon cœur : priez la mort de m'oublier encore quelques campagnes, la vie ne m'a jamais été si chere.

BARTHOLO.

Allez toujours, si j'avois ce crédit-là sur la mort.....

LE COMTE.

Sur la mort ? Ah ! Docteur ! vous faites tant de choses pour elle, qu'elle n'a rien à vous refuser. (*il sort.*)

SCENE XV.
BARTHOLO, ROSINE.
BARTHOLO, *le regarde aller.*
IL eſt enfin parti. (*à part.*) Diſſimulons.
ROSINE.
Convenez pourtant, Monſieur, qu'il eſt bien gai ce jeune ſoldat! A travers ſon ivreſſe, on voit qu'il ne manque ni d'eſprit, ni d'une certaine éducation.
BARTHOLO.
Heureux, m'amour, d'avoir pu nous en délivrer; mais n'es-tú pas un peu curieuſe de lire avec moi le papier qu'il t'a remis ?
ROSINE.
Quel papier ?
BARTHOLO.
Celui qu'il a feint de ramaſſer pour te le faire accepter.
ROSINE.
Bon ! c'eſt la lettre de mon couſin l'Officier, qui étoit tombée de ma poche. BARTHOLO.
J'ai idée, moi, qu'il l'a tirée de la ſienne.
ROSINE.
Je l'ai très-bien reconnue.
BARTHOLO.
Qu'eſt-ce qu'il coute d'y regarder ?
ROSINE.
Je ne ſais pas ſeulement ce que j'en ai fait.
BARTHOLO, *montrant la pochette.*
Tu l'as miſe là.
ROSINE.
Ah ! ah ! par diſtraction.
BARTHOLO.
Ah ſurement. Tu vas voir que ce ſera quelque folie.
ROSINE, *à part.*
Si je ne le mets pas en colere, il n'y aura pas moyen de refuſer.
BARTHOLO.
Donne donc, mon cœur.
ROSINE.
Mais quelle idée avez-vous en inſiſtant, Monſieur, eſt-ce encore quelque méfiance ? BARTHOLO.
Mais vous ! quelle raiſon avez-vous de ne pas le montrer ?
ROSINE.
Je vous répete, Monſieur, que ce papier n'eſt autre que la lettre de mon couſin, que vous m'avez rendue hier toute décachetée; & puiſqu'il en eſt queſtion, je vous dirai tout net que cette liberté me déplaît exceſſivement.
BARTHOLO.
Je ne vous entends pas.
ROSINE.
Vais-je examiner les papiers qui vous arrivent ? Pourquoi vous

donnez-vous les airs de toucher à ceux qui me sont adressés ? Si c'est jalousie, elle m'insulte : s'il s'agit de l'abus d'une autorité usurpée, j'en suis plus que revoltée encore.

BARTHOLO.

Comment, revoltée ! vous ne m'avez jamais parlé ainsi.

ROSINE.

Si je me suis modérée jusqu'à ce jour, ce n'étoit pas pour vous donner le droit de m'offenser impunément.

BARTHOLO.

De quelle offense parlez-vous ?

ROSINE.

C'est qu'il est inoui qu'on se permette d'ouvrir les lettres de quelqu'un.

BARTHOLO.

De sa femme ?

ROSINE.

Je ne la suis pas encore. Mais pourquoi lui donneroit-on la préférence d'une indignité qu'on ne fait à personne ?

BARTHOLO.

Vous voulez me faire prendre le change, & détourner mon attention du billet, qui, sans doute, est une missive de quelque amant ! mais je le verrai, je vous assure.

ROSINE.

Vous ne le verrez pas. Si vous m'approchez, je m'enfuis de cette maison, & je demande retraite au premier venu.

BARTHOLO.

Qui ne vous recevra point.

ROSINE.

C'est ce qu'il faudra voir.

BARTHOLO.

Nous ne sommes pas ici en France, où l'on donne toujours raison aux femmes : mais pour vous en ôter la fantaisie, je m'en vais fermer la porte.

ROSINE, *pendant qu'il y va.*

Ah Ciel ! que faire ! mettons vîte à la place la lettre de mon cousin, & donnons-lui beau jeu à la prendre. (*Elle fait l'échange, & met la lettre du cousin dans la pochette, de façon qu'elle sort un peu.*)

BARTHOLO, *revenant.*

Ah ! j'espere maintenant la voir.

ROSINE.

De quel droit, s'il vous plaît.

BARTHOLO.

Du droit le plus universellement reconnu, celui du plus fort.

ROSINE.

On me tuera plutôt que de l'obtenir de moi.

BARTHOLO, *frappant du pied.*

Madame ! Madame !....

ROSINE, *tombe sur un fauteuil, & feint de se trouver mal.*

Ah ! quelle indignité !....

BARTHOLO.

Donnez cette lettre, ou craignez ma colere.

ROSINE, *renverſée.*

Malheureuſe Roſine !

BARTHOLO.

Qu'avez-vous donc ?

ROSINE.

Quel avenir affreux !

BARTHOLO.

Roſine !

ROSINE.

J'étouffe de fureur!

BARTHOLO.

Elle ſe trouve mal.

ROSINE.

Je m'affoiblis , je meurs.

BARTHOLO, *à part.*

Dieux ! la lettre ! Liſons-la ſans qu'elle en ſoit inſtruite. (*Il lui tâte le pouls , & prend la lettre qu'il tâche de lire en ſe tournant un peu.*)

ROSINE, *toujours renverſée.*

Infortunée ! Ah !....

BARTHOLO, *lui quitte le bras , & dit à part.*

Quelle rage a-t-on d'apprendre ce qu'on craint toujours de ſavoir !

ROSINE.

Ah ! pauvre Roſine !

BARTHOLO.

L'uſage des odeurs produit ces affeƈtions ſpaſmodiques. (*Il lit par derriere le fauteuil en lui tâtant le pouls. Roſine ſe releve un peu , le regarde finement , fait un geſte de tête , & ſe remet ſans parler.*)

(*Bartholo à part.*) O Ciel ! c'eſt la lettre de ſon couſin. Maudite inquiétude ! comment l'appaiſer maintenant ? Qu'elle ignore au moins que je l'ai lue ! (*Il fait ſemblant de la ſoutenir , & remet la lettre dans la pochette.*)

ROSINE, *ſoupire.*

Ah !

BARTHOLO.

Eh bien ! ce n'eſt rien , mon enfant ; un petit mouvement de va-peurs , voilà tout ; car ton pouls n'a ſeulement pas varié.

(*Il va prendre un flacon ſur la conſole.*)

ROSINE, *à part.*

Il a remis la lettre ! fort bien.

BARTHOLO.

Ma chere Roſine , un peu de cette eau ſpiritueuſe.

ROSINE.

Je ne veux rien de vous laiſſez-moi.

BARTHOLO.

Je conviens que j'ai montré trop de vivacité ſur ce billet.

ROSINE.

Il s'agit bien du billet ! c'eſt votre façon de demander les choſes qui eſt revoltante. **BARTHOLO,** *à genoux.*

Pardon : j'ai bientôt ſenti tous mes torts ; & tu me vois à tes pieds, prêt à les réparer.

ROSINE.

Oui, pardon! lorfque vous croyez que cette lettre ne vient pas de mon coufin.

BARTHOLO.

Qu'elle foit d'un autre ou de lui; je ne veux aucun éclairciffement.

ROSINE, *lui préfentant la lettre.*

Vous voyez qu'avec de bonnes façons on obtient tout de moi. Lifez-la.

BARTHOLO.

Cet honnête procédé diffiperoit mes foupçons, fi j'étois affez mal-heureux pour en conferver.

ROSINE.

Lifez-là donc, Monfieur.

BARTHOLO, *fe retire.*

A Dieu ne plaife que je te faffe une pareille injure.

ROSINE.

Vous me contrariez de la refufer.

BARTHOLO.

Reçois en réparation cette marque de ma parfaite confiance. Je vais voir la pauvre Marceline, que ce Figaro a, je ne fais pourquoi, faignée du pied; n'y viens-tu pas auffi!

ROSINE.

J'y monterai dans un moment.

BARTHOLO.

Puifque la paix eft faite, mignone, donne moi ta main. Si tu pouvois m'aimer, Ah! comme tu ferois heureufe!

ROSINE, *baiffant les yeux.*

Si vous pouviez me plaire, ah! comme je vous aimerois!

BARTHOLO.

Je te plairai, je te plairai; quand je te dis que je te plairai. (*Il fort.*)

SCENE XIV.

ROSINE *le regarde aller.*

AH Lindor! il dit qu'il me plaira!.. Lifons cette lettre, qui a manqué de me caufer tant de chagrin. (*Elle lit & s'écrie*) Ha!... J'ai lu trop tard; il me recommande de tenir une querelle ouverte avec mon Tuteur; j'en avois une fi bonne! & je l'ai laiffée échapper. En recevant la lettre j'ai fenti que je rougiffois jufqu'aux yeux. Ah! mon Tuteur a raifon. Je fuis bien loin d'avoir cet ufage du monde qui, me dit il fouvent, affure le maintien des femmes en toute occafion! Mais un homme injufte parvien-droit à faire une rufée de l'innocence même.

Fin du fecond Acte.

ACTE III.

SCENE PREMIERE.

BARTHOLO *feul & défolé.*

Quelle humeur! quelle humeur! elle paroiffoit appaifée... là, qu'on me dife qui diable lui a fourré dans la tête de ne plus vouloir prendre leçon de Dom Bazile! Elle fait qu'il fe mêle de mon mariage... (*On heurte à la porte.*) Faites tout au monde pour plaire aux femmes, fi vous omettez un feul petit point.... je dis un feul.... (*On heurte une feconde fois.*) Voyons qui c'eft.

SCENE II.

BARTHOLO, LE COMTE, *en Bachelier.*

LE COMTE.

Que la paix & la joie habitent toujours céans.

BARTHOLO, *brusquement.*

Jamais souhait ne vint plus à propos. Que voulez-vous ?

LE COMTE.

Monsieur, je suis Alonzo, Bachelier, Licencié.

BARTHOLO.

Je n'ai pas besoin de Précepteur.

LE COMTE.

.... Eleve de Dom Bazile, Organiste du grand Couvent, qui a l'honneur de montrer la Musique à Madame votre....

BARTHOLO.

Bazile ! Organiste, qui a l'honneur ! Je le sais. Au fait.

LE COMTE, *à part.*

Quel homme ! (*haut.*) Un mal subit qui le force à garder le lit...

BARTHOLO.

Garder le lit ! Bazile ! il a bien fait d'envoyer ; je vais le voir à l'instant. LE COMTE, *à part.*

Oh diable ! (*haut.*) Quand je dis le lit, Monsieur, c'est.... la chambre que j'entends.

BARTHOLO.

Ne fût-il qu'incommodé : marchez devant, je vous suis.

LE COMTE, *embarrassé.*

Monsieur, j'étois chargé.... Personne ne peut-il nous entendre ?

BARTHOLO, *à part.*

C'est quelque fripon. (*haut.*) Eh non, Monsieur le mystérieux ; parlez sans vous troubler, si vous pouvez.

LE COMTE, *à part.*

Maudit vieillard ! (*haut.*) Dom Bazile m'avoit chargé de vous apprendre.... BARTHOLO

Parlez haut, je suis sourd d'une oreille.

LE COMTE, *élevant la voix.*

Ah volontiers. Que le Comte Almaviva, qui restoit à la grande place.

BARTHOLO, *effrayé.*

Parlez bas ; parlez bas.

LE COMTE, *plus haut.*

.... En en délogé ce matin. Comme c'est par moi qu'il a su que le Comte Almaviva....

BARTHOLO.

Bas ; parlez bas, je vous prie.

LE COMTE, *du même ton.*

.... Etoit en cette ville, & que j'ai découvert que la Signora Rosine lui a écrit. BARTHOLO.

Lui a écrit ? Mon cher ami, parlez plus bas, je vous en conjure ! tenez, asseyons-nous, & jasons d'amitié. Vous avez découvert, dites-vous, que Rosine....

LE COMTE, *fièrement.*

Affurément. Bazile, inquiet pour vous de cette correspondance, m'avoit prié de vous montrer fa lettre ; mais la maniere dont vous prenez les chofes....   BARTHOLO.

Eh mon Dieu ! je les prends bien. Mais ne vous eft-il donc pas poſ- fible de parler plus bas ?   LE COMTE.

Vous être fourd d'une oreille, avez-vous dit.

BARTHOLO.

Pardon, pardon, Seigneur Alonzo, fi vous m'avez trouvé méfiant & dur ; mais je fuis tellement entouré d'intriguans, de pieges.... & puis votre tournure, votre âge, votre air... Pardon, pardon. Eh bien ! vous avez la lettre ?   LE COMTE.

A la bonne heure fur ce ton, Monfieur. Mais je crains qu'on ne foit aux écoutes.

BARTHOLO.

Eh ! qui voulez-vous ? tous mes valets fur les dents ! Rofine enfer- mée de fureur ! le diable eft entré chez moi. Je vais encore m'affurer....

(*Il va ouvrir doucement la porte de Rofine.*)

LE COMTE, *à part.*

Je me fuis enferré de dépit... Garder la lettre à préfent ! il faudra m'enfuir : autant vaudroit n'être pas venu. La lui montrer... Si je puis en prévenir Rofine, la montrer eft un coup de maître.

BARTHOLO, *revient fur la pointe du pied.*

Elle eft affife auprès de fa fenêtre, le dos tourné à la porte, oc- cupée à relire une lettre de fon Coufin l'Officier, que j'avois déca- chetée.... Voyons donc la fienne.

LE COMTE, *lui remet la lettre de Rofine.*

La voici. (*à part.*) C'eft ma lettre qu'elle relit.

BARTHOLO, *lit.*

» Depuis que vous m'avez appris votre nom & votre état. « Ah ! la perfide ! c'eft bien-là fa main.

LE COMTE, *effrayé.*

Parlez donc bas à votre tour.

BARTHOLO.

Quelle obligation, mon cher !...

LE COMTE.

Quand tout fera fini, fi vous croyez m'en devoir, vous ferez le maître... D'après un travail que fait actuellement Dom Bazile avec un homme de loi....   BARTHOLO.

Avec un homme de loi, pour mon mariage !

LE COMTE.

Sans doute. Il m'a chargé de vous dire que tout peut être prêt pour demain. Alors fi elle réfifte....

BARTHOLO.

Elle réfiftera.

LE COMTE *veut reprendre la lettre, Bartholo la ferre.*

Voilà l'inftant où je puis vous fervir : nous lui montrerons fa let- tre, & , s'il le faut, (*plus myftérieufement*) j'irai jufqu'à lui dire que je la tiens d'une femme à qui le Comte l'a facrifiée ; vous fentez que le trouble, la honte, le dépit peuvent la porter fur le champ...

BARTHOLO.

BARTHOLO, *riant*.

ca mnie ! Mon cher ami, je vois bien maintenant que vous venez de la part de Bazile... mais pour que ceci n'eût pas l'air concerté, ne feroit-il pas bon qu'elle vous connût d'avance.

LE COMTE, *réprime un grand mouvement de joie*.

C'étoit affez l'avis de Dom Bazile. Mais comment faire ? il eft tard... au peu de tems qui refte...

BARTHOLO.

Je dirai que vous venez en fa place. Ne lui donnerez-vous pas bien une leçon ! LE COMTE.

Il n'y a rien que je ne faffe pour vous plaire. Mais prenez garde que toutes ces hiftoires de maîtres fuppofés, font de vieilles fineffes, des moyens de comédie : fi elle va fe douter ?...

BARTHOLO.

Préfenté par moi ? quelle apparence ! Vous avez plus l'air d'un amant déguifé, que d'un ami officieux.

LE COMTE.

Oui ? Vous croyez donc que mon air peut aider à la tromperie ?

BARTHOLO.

Je le donne au plus fin à deviner. Elle eft ce foir d'une humeur horrible. Mais quand elle ne feroit que vous voir... Son clavecin eft dans ce cabinet, amufez-vous, en l'attendant : je vais faire l'impoffible pour l'amener. LE COMTE

Gardez-vous bien de lui parler de la lettre.

BARTHOLO.

Avant l'inftant décifif elle perdroit tout fon effet. Il ne faut pas me dire deux fois les chofes : il ne faut pas me les dire deux fois.

(*Il s'en va.*)

SCENE III.

LE COMTE, *feul*.

ME voilà fauvé. Ouf ! Que ce diable d'homme eft rude à manier ! Figaro le connoît bien. Je me voyois mentir : cela me donnoit un air plat & gauche ; & il a des yeux !.... Ma foi fans l'infpiration fubite de la lettre, il faut l'avouer, j'étois éconduit comme un fôt. O ciel ! on difpute là-dedans. Si elle alloit s'obftiner à ne pas venir ! Écoutons... Elle refufe de fortir de chez elle, & j'ai perdu le fruit de ma rufe. (*Il retourne écouter*) La voici ? ne nous montrons pas d'abord. (*Il entre dans le Cabinet.*)

SCENE IV.

LE COMTE, BARTHOLO, ROSINE.

ROSINE, *avec une colere fimulée*.

TOut ce que vous me direz eft inutile, Monfieur, j'ai pris mon parti ; je ne veux plus entendre parler de mufique.

BARTHOLO.

Ecoute donc, mon enfant, c'eft le Seigneur Alonzo, l'éleve & l'ami de D. Bazile, choifi par lui pour être un de nos témoins. — La mufique te calmera, je t'affure. ROSINE.

Oh ! pour cela, vous pouvez vous en détacher : fi je chante ce foir !... Où donc eft-il ce Maître que vous craignez de renvoyer ? je vais, en deux mots lui donner fon compte & celui de Bazile. (*Elle apperçoit fon amant : elle fait un cri.*) Ah !...

G

BARTHOLO.

Qu'avez-vous ?

ROSINE, *les deux mains fur fon cœur, avec un grand troub*

Ah ! mon Dieu, Monfieur.... Ah ! mon Dieu, Monfieur....

BARTHOLO.

Elle fe trouve encore mal ! Seigneur Alonzo !

ROSINE.

Non, je ne me trouve pas mal... Mais c'eft qu'en me tournant.... Ah !..

LE COMTE.

Le pied vous a tourné, Madame ?

ROSINE.

Ah ! oui, le pied m'a tourné. Je me fuis fait un mal horrible

LE COMTE.

Je m'en fuis bien apperçu.

ROSINE, *regardant le Comte.*

Le coup t'a porté au cœur.　　**BARTHOLO.**

Un fiege, un fiege. Et pas un fauteuil ici ? (*Il va le chercher.*)

LE COMTE.

Ah Rofine !

ROSINE.

Quelle imprudence.

LE COMTE.

J'ai mille chofes effentielles à vous dire.

ROSINE.

Il ne nous quittera pas.

LE COMTE.

Figaro va venir nous aider.

BARTHOLO, *apporte un fauteuil.*

Tiens, mignone, affieds toi.—il n'y a pas d'appatence, Bachelier, qu'elle prenne de leçon ce foir : ce fera pour un autre jour. Adieu.

ROSINE, *au Comte.*

Non, attendez ; ma douleur eft un peu appaifée. (*à Bartholo.*) Je fens que j'ai eu tort avec vous, Monfieur : je veux vous imiter en réparant fur le champ...

BARTHOLO.

Oh ! le bon petit naturel de femme ! Mais après une pareille émotion, mon enfant, je ne fouffrirai pas que tu faffes le moindre effort. Adieu, adieu, Bachelier.

ROSINE, *au Comte.*

Un moment, de grace ! (*à Bartholo.*) Je ctoirai, Monfieur, que vous n'aimez pas à m'obliger, fi vous m'empêchez de vous prouver mes regrets, en prenant ma leçon.

LE COMTE, *à part, à Bartholo.*

Ne la contrarions pas fi vous m'en croyez.

BARTHOLO.

Voilà qui eft fini, mon amoureufe. Je fuis fi loin de chercher à te déplaire, que je veux refter là, tout le tems que tu vas étudier.

ROSINE.

Non, Monfieur, je fais que la Mufique n'a nul attrait pour vous.

BARTHOLO.

Je t'affure que ce foir elle m'enchantera.

ROSINE, *au Comte à part.*

Je fuis au fupplice.

LE COMTE, *prenant un papier de mufique fur le pupitre.*

Eft-ce-là ce que vous voulez chanter, Madame ?

ROSINE.

Oui, c'eft un morceau très-agréable de la Précaution inutile.

BARTHOLO.

Toujours la précaution inutile ?

LE COMTE.

C'eft-ce qu'il y a de plus nouveau aujourd'hui. C'eft une image du Printems d'un genre affez vif. Si Madame veut l'effayer....

ROSINE, *regardant le Comte.*

Avec grand plaifir : un tableau du Printems me ravit ; c'eft la jeuneffe de la nature. Au fortir de l'Hiver, il femble que le cœur acquiere un plus haut degré de fenfibilité ; comme un efclave enfermé depuis long-tems, goûte, avec plus de plaifir le charme de la liberté qui vient de lui être offerte.

BARTHOLO, *bas au Comte.*
Toujours des idees romanesques en tête.
LE COMTE, *bas.*
Et fentez-vous l'application ?
BARTHOLO.
Parbleu ! (*Il va s'asseoir dans le fauteuil qu'a occupé Rosine.*)
ROSINE *chante.*

(*) Quand, dans la plaine ;
L'amour ramene
   Le Printems,
Si chéri des amans ;
Tout reprend l'être,
Son feu pénetre
   Dans les fleurs ;
Et dans les jeunes cœurs.
On voit les troupeaux ;
Sortir des hameaux.
Dans tous les côteaux,
Les cris des agneaux
   Retentissent ;
   Ils bondissent ;
   Tout fermente,
   Tout augmente ;
Les brebis paissent
Les fleurs qui naissent ;
Les chiens fideles
Veillent fur elles ;
Mais Lindor enflammé,
   Ne fonge guere
Qu'au bonheur d'être aimé
   de fa Bergere.
   MÊME AIR.
Loin de fa mere,
   Cette Bergere
   Va chantant ;
Où fon Amant l'attend.
   Par cette rufe,
   L'amour l'abufe ;
   Mais chanter,
Sauve-t-il du danger ?

Les doux chalumeaux ;
Les chants des oifeaux,
Ses charmes naiffans,
Ses quinze ou feize ans,
   Tout l'excite ;
   Tout l'agite
   La pauvrette
   S'inquiete ;
   De fa retraite,
Lindor la guette,
   Elle s'avance ;
   Lindor s'élance ;
Il vient de l'embraffer :
   Elle bien aife,
Feint de fe courroucer,
Pour qu'on l'appaife.
PETITE REPRISE.
   Les foupirs.
Les foins, les promeffes,
Les vives tendreffes,
   Les plaifirs,
Le fin badinage,
Sont mis en ufage ;
Et bientôt la Bergere,
Ne fent plus de colere.
Si quelque jaloux,
Trouble un bien fi doux,
Nos Amans d'accord,
Ont un foin extrême....
.... De voiler leur tranfport ;
Mais quand on s'aime,
La gêne ajoute encor
   Au plaifir même.

(En l'écoutant, Bartholo s'eft affoupi. Le Comte, pendant la petite reprife, fe ha-
farde de prendre une main qu'il couvre de baifers. L'émotion ralentit le chant de
Rofine, l'affoiblit & finit même par lui couper la voix au milieu de la cadence au
mot extrême. L'Orcheftre fuit le mouvement de la chanteufe, affoiblit fon jeu &
fe tait avec elle. l'abfence du bruit qui avoit endormi Bartholo, le reveille. Le
Comte fe releve, Rofine & l'Orcheftre reprennent fubitement la fuite de l'air. Si la
petite reprife fe repete, le même jeu recommence, &c.)

LE COMTE.
En vérité, c'eft un morceau charmant, & Madame l'exécute avec une intelligence...
ROSINE.
Vous me flattez, Seigneur ; la gloire eft toute entiere au Maître.

(*) Cette Ariette, dans le goût Efpagnol, fut chantée le premier jour à Paris,
malgré les huées, les rumeurs & le train ufités au Parterre en ces jours de crife & de
combat. La timidité de l'actrice l'a depuis empêchée d'ofer la redire, & les jeunes
Rigoriftes du Théâtre l'ont fort louée de cette reticence. Mais fi la dignité de la Comédie
Françoife y a gagné quelque chofe ; il faut convenir que le Barbier de Séville y a beaucoup perdu. C'eft pourquoi, fur les Théâtres où quelque peu de Mufique ne tirera pas
autant à conféquence, nous invitons tous Directeurs à la reftituer, tous Acteurs à la
chanter, tous Spectateurs à l'écouter, & tous Critiques à nous la pardonner, en faveur
du genre de la Piece, & du plaifir que leur fera le morceau.

BARTHOLO, *bâillant.*

Moi, je crois que j'ai un peu dormi pendant le morceau charmant. J'ai mes malades. Je vas, je viens, je roupille, & si-tôt que je m'assieds, mes pauvres jambes. (*Il se leve & pousse le fauteuil.*)

ROSINE, *bas au Comte.*

Figaro ne vient point.

LE COMTE.

Filons le tems.

BARTHOLO.

Mais, Bachelier, je l'ai déjà dit à ce vieux Bazile : Est-ce qu'il n'y auroit pas moyen de lui faire étudier des choses plus gaies, que toutes ces grandes Aria, qui vont en haut, en bas, en roulant, hi, ho, a, a, a, a, & qui me semblent autant d'enterremens. Là, de ces petits airs qu'on chantoit dans ma jeunesse, & que chacun retenoit facilement. J'en savois autrefois.... Par exemple... (*Pendant la ritournelle, il cherche en se grata it la tête, & chante en faisant claquer ses pouces & dansant des genoux comme les vieillards.*)

Veux-tu, ma Rosinette,
Faire emplette
Du Roi des Maris ?... (*Au Comte en riant.*)

Il y a Fanchonette dans la chanson ; mais j'y ai substitué Rosinette pour la lui rendre plus agréable, & la faire cadrer aux circonstances. Ah, ah, ah, ah ! Fort bien ? pas vrai ?

LE COMTE, *riant.*

Ah, ah, ah, oui, tout au mieux.

SCENE V.

LES PRECEDENS. FIGARO, *dans le fond.*

BARTHOLO, *chante.*

Veux-tu, ma Rosinette,	Mais la nuit, dans l'ombre ;
Faire emplette	Je vaux encor mon prix ;
Du Roi des maris ?	Et quand il fait sombre,
Je ne suis point Tircis ;	Les plus beaux chats sont gris.

(*Il répete la reprise en dansant.* FIGARO *derriere lui, imite ses mouvemens.*)
Je ne suis point Tircis, &c.   (*Appercevant Figaro.*)

Ah ! entrez, Monsieur le Barbier ; avancez, vous êtes charmant !

FIGARO, *salue.*

Monsieur, il est vrai que ma mere me l'a dit autrefois ; mais je suis un peu déformé depuis ce tems-là (*A'part au Comte.*) Bravo, Monseigneur.

(*Pendant toute cette Scene, le Comte fait ce qu'il peut pour parler à Rosine, mais l'œil inquiet & vigilant du Tuteur l'en empêche toujours ce qui forme un jeu muet de tous les Acteurs, étranger au débat du Docteur & de Figaro.*)

BARTHOLO.

Venez-vous purger encore, saigner, droguer, mettre sur le grabat toute ma maison ?   **FIGARO.**

Monsieur, il n'est pas tous les jours fête ; mais sans compter les soins quotidiens, Monsieur a pu voir que, lorsqu'ils en ont besoin, mon zele n'attend pas qu'on lui commande...

BARTHOLO.

Votre zele n'attend pas ! Que direz-vous, Monsieur le zélé, à ce malheureux qui bâille, & dort tout éveillé, & l'autre qui, depuis

trois heures, éternue à se faire sauter le crâne & jaillir la cervelle !
que leur direz-vous ?   FIGARO.
Ce que je leur dirai ?

BARTHOLO.

Ouï !

FIGARO.

Je leur dirai.... Eh parbleu, je dirai à celui qui éternue, Dieu
vous bénisse ; & va te coucher à celui qui bâille. Ce n'est pas cela,
Monsieur, qui grossira le mémoire.

BARTHOLO.

Vraiment non ; mais c'est la saignée & les médicamens qui le gros-
siroient, si je voulois y entendre. Est-ce par zele aussi, que vous
avez empaqueté les yeux de ma mule ; & votre cataplasme lui rendra-
t-il la vue ?   FIGARO.
S'il ne lui rend pas la vue, ce n'est pas cela non plus qui l'empê-
chera d'y voir.   BARTHOLO.
Que je le trouve sur le mémoire ! On n'est pas de cette extrava-
gance-là !   FIGARO.
Ma foi, Monsieur, les hommes n'ayant guere à choisir qu'entre la
sottise & la folie ; où je ne vois pas de profit, je veux au moins du
plaisir ; & vive la joie. Qui sait si le monde durera encore trois
semaines !   BARTHOLO.
Vous feriez bien mieux, Monsieur le raisonneur, de me payer mes
cent écus & les intérêts, sans lanterner, je vous en avertis.

FIGARO.

Doutez-vous de ma probité, Monsieur ? vos cent écus ? j'aimerois
mieux vous les devoir toute ma vie que de les nier un seul instant.

BARTHOLO.

Et dites-moi un peu comment la petite Figaro a trouvé les bonbons
que vous lui avez portés ?   FIGARO.
Quels bonbons ! que voulez-vous dire ?

BARTHOLO.

Oui, ces bonbons, dans ce cornet fait avec cette feuille de papier
à lettre, ce matin.   FIGARO.
Diable emporte si...   ROSINE, *l'interrompant.*
Avez-vous eu soin au moins de les lui donner de ma part, M. Figaro ?
Je vous l'avois recommandé.   FIGARO.
Ah, ah ! les bonbons de ce matin ? Que je suis bête, moi. J'avois
perdu tout cela de vue... Oh ! excellens, Madame, admirables.

BARTHOLO.

Excellens, Admirables ! Oui, sans doute, Monsieur le Barbier,
revenez sur vos pas ! Vous faites-là un joli métier, Monsieur !

FIGARO.

Qu'est-ce qu'il y a donc, Monsieur ?

BARTHOLO.

Et qui vous fera une belle réputation, Monsieur.

FIGARO.

Je la soutiendrai, Monsieur.

BARTHOLO.

Dites que vous la supporterez, Monsieur.

FIGARO.

Comme il vous plaira, Monfieur.

BARTHOLO.

Vous le prenez bien haut, Monfieur! Sachez que quand je difpute avec un fat, je ne lui cede jamais.

FIGARO, *lui tournant le dos.*

Nous différons en cela, Monfieur ; moi je lui cede toujours.

BARTHOLO.

Hein ? qu'eft-ce qu'il dit donc, Bachelier ?

FIGARO.

C'eft que vous croyez avoir affaire à quelque Barbier de village, & qui ne fait manier que le rafoir ! Apprenez, Monfieur, que j'ai travaillé de la plume à Madrid, & que fans les envieux....

BARTHOLO.

Eh ! que n'y reftiez-vous, fans venir ici changer de profeffion ?

FIGARO.

On fait comme on peut ; mettez-vous à ma place.

BARTHOLO.

Me mettre à votre place ! Ah, parbleu, je dirois de belles fottifes !

FIGARO.

Monfieur, vous ne commencez pas trop mal ; je m'en rapporte à votre confrere qui eft là rêvaffant...

LE COMTE, *revenant à lui.*

Je.... je ne fuis pas le confrere de Monfieur.

FIGARO.

Non ? vous voyant ici à confulter, j'ai penfé que vous pourfuiviez le même objet.   BARTHOLO, *en colere.*

Enfin, quel fujet vous amene ? Y a-t-il quelque lettre à remettre encore ce foir à Madame ? Parlez, faut-il que je me retire ?

FIGARO.

Comme vous rudoyez le pauvre monde ! Eh ! parbleu, Monfieur, je viens vous rafer, voilà tout : n'eft-ce pas aujourd'hui votre jour ?

BARTHOLO.

Vous reviendrez tantôt.   FIGARO.

Ah ! oui, revenir ! toute la garnifon prend médecine demain matin : j'en ai obtenu l'entreprife par mes protections. Jugez donc comme j'ai du tems à perdre ! Monfieur paffe-t-il chez lui ?

BARTHOLO.

Non, Monfieur ne paffe point chez lui. Et mais.... qui empêche qu'on ne me rafe ici.   ROSINE, *avec dédain.*

Vous êtes honnête ! Et pourquoi pas dans mon appartement.

BARTHOLO.

Tu te fâches ? pardon, mon enfant, tu vas achever de prendre ta leçon ; c'eft pour ne pas perdre un inftant le plaifir de t'entendre.

FIGARO, *bas au Comte.*

On ne le tirera pas d'ici ! (*haut.*) Allons, l'Eveillé, la Jeuneffe ; le baffin, de l'eau, tout ce qu'il faut à Monfieur.

BARTHOLO.

Sans doute, appellez les ! Fatigués, haraffés, moulus de votre façon, n'a-t-il pas fallu les faire coucher !

FIGARO.

Eh bien ! j'irai tout chercher : n'eft-ce pas dans votre chambre (*bas au Comte.*) Je vais l'attirer dehors.

BARTHOLO *détache son trousseau de clefs , & dit par réflexion.*

Non, non, j'y vais moi-même. (*bas au Comte en s'en allant.*) Ayez les yeux sur eux, je vous prie.

SCENE VI.

FIGARO, LE COMTE, ROSINE.

FIGARO.

AH ! que nous l'avons manqué belle ! il alloit me donner le trouf-feau. La clef de la jaloufie n'y eft-elle pas ?

ROSINE.

C'eft la plus neuve de toutes.

SCENE VII.

LES PRECEDENS. BARTHOLO.

BARTHOLO *revenant , à part.*

BOn ! je ne fais ce que je fais de laiffer ici ce maudit Barbier. (*à Figaro.*) Tenez. (*Il lui donne le trousseau.* Dans mon cabinet, fous mon bureau ; mais ne touchez à rien.

FIGARO.

La pefte ! il y feroit bon, méfiant comme vous êtes ! (*à part en s'en allant.*) Voyez comme le Ciel protege l'innocence !

SCENE VIII.

BARTHOLO, LE COMTE, ROSINE.

BARTHOLO, *bas au Comte.*

C'Eft le drôle qui a porté la lettre au Comte.

LE COMTE, *bas.*

Il m'a l'air d'un fripon.

BARTHOLO.

Il ne m'attrapera plus.

LE COMTE.

Je crois qu'à cet égard le plus fort eft fait.

BARTHOLO.

Tout confidéré, j'ai penfé qu'il étoit plus prudent de l'envoyer dans ma chambre, que de le laiffer avec elle.

LE COMTE.

Ils n'auroient pas dit un mot que je n'euffe été en tiers.

ROSINE.

Il eft bien poli, Meffieurs, de parler bas fans ceffe ! Et ma leçon ?

(*Ici on entend un bruit comme de la vaiffelle renverfée.*)

BARTHOLO, *criant.*

Qu'eft-ce que j'entends donc ! Le cruel Barbier aura tout laiffé tomber par l'efcalier, & les plus belles pieces de mon néceffaire !...

(*Il court dehors.*)

SCENE IX.
LE COMTE, ROSINE.
LE COMTE.

PRofitons du moment que l'intelligence de Figaro nous ménage; Accordez-moi ce soir, je vous en conjure, Madame, un moment d'entretien indispensable pour vous souftraire à l'esclavage où vous allez tomber.   ROSINE.

Ah Lindor !

LE COMTE.

Je puis monter à votre jalousie; & quant à la lettre que j'ai reçu de vous ce matin; je me suis vu forcé....

SCENE X.
ROSINE, BARTHOLO, FIGARO, LE COMTE.
BARTHOLO.

JE ne m'étois pas trompé ; tout est brisé, fracassé.

FIGARO.

Voyez le grand malheur pout tant de train ! On ne voit goute sur l'escalier. (*Il montre la clef au Comte.*) Moi, en montant j'ai accroché une clef...   BARTHOLO.

On prend garde à ce qu'on fait. Accrocher une clef ! L'habile homme !

FIGARO.

Ma foi, Monsieur, cherchez en un plus subtil.

SCENE XI.
LES PRECEDENS. BAZILE.
ROSINE, *effrayée, à part.*

DOn Bazile !...

LE COMTE, *à part.*

Juste Ciel !

FIGARO, *à part.*

C'est le diable !

BARTHOLO, *va au devant de lui*

Ah ! Bazile, mon ami, soyez le bien rétabli. Votre accident n'a donc point eu de suites ? En vérité, le Seigneur Alonzo m'avoit fort effrayé sur votre état; demandez-lui, je partois pour vous aller voir, & s'il ne m'avoit point retenu....

BAZILE, *étonné.*

Le Seigneur Alonzo ?...

FIGARO, *frappe du pied.*

Eh quoi ! toujours des accrocs ? Deux heures pour une méchante barbe.... Chienne de pratique ?

BAZILE, *regardant tout le monde.*

Me ferez-vous bien le plaisir de me dire, Messieurs !...

FIGARO.

Vous lui parlerez quand je serai parti.

BAZILE.

Mais encore faudroit-il....   LE COMTE,

LE COMTE.

Il faudroit vous taire, Bazile. Croyez-vous apprendre à Monsieur quelque chose qu'il ignore? Je lui ai raconté que vous m'aviez chargé de venir donner une leçon de musique à votre place.

BAZILE, *plus étonné.*

La leçon de musique!.... Alonzo!....

ROSINE, *à part à Bazile.*

Eh! taisez-vous.

BAZILE.

Elle aussi.

LE COMTE, *bas, à Bartholo.*

Dites-lui donc tout bas que nous en sommes convenus.

BARTHOLO, *bas, à Bazile.*

N'allez pas nous démentir, Bazile, en disant qu'il n'est pas votre éleve : vous gâteriez tout. BAZILE.

Ah! ah!

BARTHOLO, *haut.*

En vérité, Bazile, on n'a pas plus de talent que votre éleve.

BAZILE, *stupéfait.*

Que mon éleve!.... (*bas.*) Je venois pour vous dire que le Comte est déménagé. BARTHOLO, *bas.*

Je le sais, taisez-vous.

BAZILE, *bas.*

Qui vous l'a dit?

BARTHOLO, *bas.*

Lui apparemment!

LE COMTE, *bas.*

Moi, sans doute : écoutez seulement.

ROSINE, *bas à Bazile.*

Est-il si difficile de vous taire?

FIGARO, *bas à Bazile.*

Hum! grand escogrif! il est sourd!

BAZILE, *à part.*

Qui diable est-ce donc qu'on trompe ici? Tout le monde est dans le secret? BARTHOLO, *haut.*

Eh bien, Bazile, votre homme de loi?

FIGARO.

Vous avez toute la soirée pour parler de l'homme de loi.

BARTHOLO, *à Bazile.*

Un mot; dites-moi seulement si vous êtes content de l'homme de loi.

BAZILE, *effaré.*

De l'homme de loi?

LE COMTE, *souriant.*

Vous ne l'avez pas vû, l'homme de loi?

BAZILE, *impatienté.*

Eh! non, je ne l'ai pas vu l'homme de loi.

LE COMTE, *à Bartholo, à part.*

Voulez-vous donc qu'il s'explique ici devant elle? renvoyez-le.

BARTHOLO, *bas, au Comte.*

Vous avez raison. (*à Bazile.*) Mais quel mal vous a donc pris subitement. H

BAZILE, *en colere.*

Je ne vous entends pas.

LE COMTE, *lui met à part une bourse dans les mains.*

Oui : Monsieur vous demande ce que vous venez faire ici, dans l'état d'indisposition où vous êtes ?

FIGARO.

Il est pâle comme un mort !

BAZILE.

Ah ! je comprends....

LE COMTE.

Allez vous coucher, mon cher Bazile : vous n'êtes pas bien, & vous nous faites mourir de frayeur, Allez vous coucher.

FIGARO.

Il a la phisionomie toute renversée. Allez vous coucher.

BARTHOLO.

D'honneur, il sent la fievre d'une lieue. Allez vous coucher.

ROSINE.

Pourquoi donc êtes-vous sorti ? on dit que cela se gagne. Allez vous coucher. BAZILE, *au dernier étonnement.*
Que j'aille me coucher ?

TOUS LES ACTEURS ENSEMBLE.

Eh ! sans doute. BAZILE, *les regardant tous.*
En effet, Messieurs, je crois que je ne ferai pas mal de me retirer, je sens que je ne suis pas ici dans mon assiette ordinaire.

BARTHOLO.

A demain ! toujours : si vous êtes mieux.

LE COMTE.

Bazile, je serai chez vous de très-bonne heure.

FIGARO.

Croyez-moi, tenez-vous bien chaudement dans votre lit.

ROSINE.

Bon soir, Monsieur Bazile.

BAZILE, *à part.*

Diable emporte si j'y comprends rien ; & sans cette bourse....

TOUS.

Bon soir, Bazile, bon soir.

BAZILE, *en s'en allant.*

Eh bien ! bon soir donc, bon soir. (*Ils l'accompagnent tous en riant.*)

SCENE XII.

LES PRECEDENS, *excepté* BAZILE.

BARTHOLO, *d'un ton important.*

Cet homme-là n'est pas bien du tout.

ROSINE.

Il a les yeux égarés.

LE COMTE.

Le grand air l'aura saisi.

FIGARO.

Avez-vous vu comme il parloit tout seul ? Ce que c'est que de

COMÉDIE.

nous ! (à *Bartholo.*) Ah ça, vous décidez-vous, cette fois. (*Il lui pouſſe un fauteuil très-loin du Comte, & lui préſente le linge.*)

LE COMTE.

Avant de finir , Madame, je dois vous dire un mot eſſentiel au progrès de l'art que j'ai l'honneur de vous enſeigner. (*Il s'approche & lui parle bas à l'oreille.*)

BARTHOLO, *à Figaro.*

Eh mais ; il ſemble que vous le faſſiez exprès de vous approcher , & de vous mettre devant moi pour m'empêcher de voir....

LE COMTE, *bas à Roſine.*

Nous avons la clef de la jalouſie , & nous ſerons ici à minuit.

FIGARO, *paſſe le linge au cou de Bartholo.*

Quoi voir ? ſi c'étoit une leçon de danſe, on vous paſſeroit d'y regarder ; mais du chant !.... ahi , ahi.

BARTHOLO.

Qu'eſt-ce que c'eſt ? **FIGARO.**

Je ne ſais ce qui m'eſt entré dans l'œil. (*Il rapproche ſa tête.*)

BARTHOLO.

Ne frottez donc pas. **FIGARO.**

C'eſt le gauche. Voudriez-vous me faire le plaiſir d'y ſouffler un peu fort. (*Bartholo prend la tête de Figaro, regarde par-deſſus , le pouſſe violemment, & va derriere les amans écouter leur converſation.*)

LE COMTE, *bas à Roſine.*

Et quant à votre lettre, je me ſuis trouvé tantôt dans un tel embarras pour reſter ici.. **FIGARO** , *de loin pour avertir.*

Hem !.... hem !.... **LE COMTE.**

Déſolé de voir encore mon déguiſement inutile....

BARTHOLO, *paſſant entre deux.*

Votre déguiſement inutile !

ROSINE, *effrayée.*

Ah !....

BARTHOLO.

Fort bien, Madame, ne vous gênez pas. Comment ! ſous mes yeux même, en ma préſence, on m'oſe outrager de la ſorte.

LE COMTE.

Qu'avez-vous donc, Seigneur ?

BARTHOLO.

Perfide Alonzo ! **LE COMTE.**

Seigneur Bartholo , ſi vous avez ſouvent des lubies comme celle dont le haſard me rend témoin, je ne ſuis plus étonné de l'éloignement que Mademoiſelle a pour devenir votre femme.

ROSINE.

Sa femme ! moi ! paſſer mes jours auprès d'un vieux jaloux, qui, pour tout bonheur, offre à ma jeuneſſe un eſclavage abominable !

BARTHOLO.

Ah ! qu'eſt-ce que j'entend,

ROSINE.

Oui, je le dis tout haut ; je donnerai mon cœur & ma main à celni qui pourra m'arracher de cette horrible priſon, où ma perſonne & mon bien ſont retenus contre toutes les loix. (*Roſine ſort.*)

SCENE XIII.

BARTHOLO, FIGARO, LE COMTE.

BARTHOLO.

LA colere me suffoque.

LE COMTE.

En effet, Seigneur, il est difficile qu'une jeune femme....

FIGARO.

Oui, une jeune femme, & un grand âge; voilà ce qui trouble la tête d'un vieillard. BARTHOLO.

Comment! lorsque je les prend sur le fait! Maudit Barbier! il me prend des envies.... FIGARO.

Je me retire, il est fou.

LE COMTE.

Et moi aussi, d'honneur, il est fou.

FIGARO.

Il est fou, il est fou....   (*Ils sortent.*)

SCENE XIV.

Fin du troisieme Acte.

BARTHOLO, *seul les poursuivant.*

JE suis fou! infâmes suborneurs! Emissaires du diable, dont vous faites ici l'office, & qui puisse vous emporter tous.... Je suis fou!... Je les ai vus comme je vois ce pupitre... & me soutenir effrontément!... Ah! il n'y a que Bazile qui puisse m'expliquer ceci. Oui, envoyons-le chercher. Hola, quelqu'un... Ah! j'oublie que je n'ai personne... Un voisin, le premier venu, n'importe. Il y a de quoi perdre l'esprit! Il y a de quoi perdre l'esprit.

Pendant l'Entr'acte le Théâtre s'obscurcit : on entend un bruit d'orage, & l'Orchestre joue celui qui est gravé dans le Recueil de la Musique du Barbier.

ACTE IV.

SCENE PREMIERE.

Le Théâtre est obscur.

BARTHOLO, DON BAZILE, *une lanterne de papier à la main.*

BARTHOLO.

COmment, Bazile, vous ne le connoissez pas? ce que vous me dites est-il possible? BAZILE.

Vous m'interrogeriez cent fois que je vous ferois toujours la même réponse. S'il vous a remis la lettre de Rosine, c'est sans doute un des émissaires du Comte. Mais, à la magnificence du présent qu'il m'a fait, il se pourroit que ce fût le Comte lui-même.

BARTHOLO.

A propos de ce présent. Eh! pourquoi l'avez-vous reçu.

BAZILE.

Vous aviez l'air d'accord, je n'y entendois rien; & dans les cas difficiles à juger, une bourse d'or me paroît toujours un argument sans réplique. Et puis, comme nous dit le proverbe, ce qui est bon à prendre....

BARTHOLO.

J'entends, est bon....

BAZILE.

A garder.

BARTHOLO, *surpris.*

Ah! ah!

BAZILE.

Oui, j'ai arrangé comme cela plusieurs petits proverbes avec des variations. Mais, allons au fait, à quoi vous arrêtez-vous ?

BARTHOLO.

En ma place, Bazile, ne feriez-vous pas les derniers efforts pour la posséder ?

BAZILE.

Ma foi non, Docteur. En toute espece de biens, posséder est peu de chose ; c'est jouir qui rend heureux ; mon avis est qu'épouser une femme dont on n'est point aimé, c'est s'exposer....

BARTHOLO.

Vous craindriez les accidens ?

BAZILE.

Hé, hé, Monsieur, on en voit beaucoup cette année. Je ne ferois point violence à son cœur.

BARTHOLO.

Votre valet, Bazile. Il vaut mieux qu'elle pleure de m'avoir, que moi je meure de ne l'avoir pas.

BAZILE.

Il y va de la vie? Epousez, Docteur, épousez.

BARTHOLO,

Aussi ferai-je, & cette nuit même.

BAZILE.

Adieu donc. — Souvenez-vous, en parlant à la Pupille, de les rendre tous plus noirs que l'enfer.

BARTHOLO.

Vous avez raison.

BAZILE.

La calomnie, Docteur, la calomnie. Il faut toujours en venir-là.

BARTHOLO.

Voici la lettre de Rosine, que cet Alonzo m'a remise, & il m'a montré, sans le vouloir, l'usage que j'en dois faire auprès d'elle.

BAZILE.

Adieu : nous serons tous ici à quatre heures.

BARTHOLO.

Pourquoi pas plutôt ?

BAZILE.

Impossible ; le Notaire est retenu.

BARTHOLO.

Pour un mariage ?

BAZILE.

Oui, chez le Barbier Figaro ; c'est sa niece qu'il marie.

BARTHOLO.

Sa niece ? il n'en a pas.

BAZILE.

Voilà ce qu'ils ont dit au Notaire.

BARTHOLO.

Ce drôle eſt du complot : que diable !

BAZILE.

Eſt-ce que vous penſeriez ?...

BARTHOLO.

Ma foi, ces gens-là ſont ſi alertes ! tenez, mon ami, je ne ſuis pas tranquille. Retournez chez le Notaire. Qu'il vienne ici ſur le champ avec vous.   BAZILE.

Il pleut, il fait un tems du diable ; mais rien ne m'arrête pour vous ſervir. Que faites-vous donc ?

BARTHOLO.

Je vous reconduis ; n'ont-ils pas fait eſtropier tout mon monde par ce Figaro ! Je ſuis ſeul ici.

BAZILE.

J'ai ma lanterne.

BARTHOLO.

Tenez, Bazile, voilà mon paſſe-partout, je vous attends ; je veille ; & vienne qui voudra, hors le Notaire & vous, perſonne n'entrera de la nuit.   BAZILE.

Avec ces précautions, vous êtes ſûr de votre fait.

SCENE II.

ROSINE, ſeule, ſortant de ſa chambre.

IL me ſembloit avoir entendu parler. Il eſt minuit ſonné ; Lindor ne vient point ! ce mauvais tems même étoit propre à le favoriſer. Sûr de ne rencontrer perſonne.,.. Ah ! Lindor ! ſi vous m'aviez trompée... Quel bruit entens-je ?... Dieux ! c'eſt mon Tuteur. Rentrons.

SCENE III.

BARTHOLO, ROSINE.

BARTHOLO, rentre avec de la lumiere.

AH ! Roſine, puiſque vous n'êtes pas encore rentrée dans votre appartement....   ROSINE.

Je vais me retirer.   BARTHOLO.

Par le tems affreux qu'il fait, vous ne repoſerez pas, & j'ai des choſes très-preſſées à vous dire.

ROSINE.

Que me voulez-vous, Monſieur, n'eſt-ce donc pas aſſez d'être tourmentée le jour ?   BARTHOLO.

Roſine, écoutez-moi.

ROSINE.

Demain je vous entendrai.

BARTHOLO.

Un moment, de grace.

ROSINE, à part.

S'il alloit venir !

BARTHOLO, lui montre la lettre.

Connoiſſez-vous cette lettre ?

ROSINE, la reconnoît.

Ah ! grands Dieux !....

BARTHOLO.

Mon intention, Rofine, n'eft point de vous faire de reproches : à votre âge on peut s'égarer, mais je fuis votre ami ; écoutez-moi.

ROSINE.

Je n'en puis plus.

BARTHOLO.

Cette lettre que vous avez écrite au Comte Almaviva....

ROSINE, *étonnée.*

Au Comte Almaviva !

BARTHOLO.

Voyez quel homme affreux eft ce Comte, auffi-tôt qu'il l'a reçue, il en fait trophée ; je la tiens d'une femme à qui il l'a facrifiée.

ROSINE.

Le Comte Almaviva !....

BARTHOLO.

Vous avez peine à vous perfuader cette horreur. L'inexpérience, Rofine, rend votre fexe confiant & crédule ; mais apprenez dans quel piege on vous attiroit. Cette femme m'a fait donner avis de tout, apparemment pour écarter une rivale auffi dangereufe que vous. J'en frémis ! le plus abominable complot, entre Almaviva, Figaro & cet Alonzo, cet éleve fuppofé de Bazile, qui porte un autre nom, & n'eft que le vil agent du Comte, alloit vous entraîner dans un abyme, dont rien n'eût pu vous tirer.

ROSINE, *accablée.*

Quelle horreur !.... Quoi, Lindor ?.... Quoi, ce jeune homme....

BARTHOLO, *à part.*

Ah ! c'eft Lindor.

ROSINE.

C'eft pour le Comte Almaviva.... C'eft pour un autre....

BARTHOLO.

Voilà ce qu'on m'a dit, en me remettant votre lettre.

ROSINE, *outrée.*

Ah, quelle indignité !.... il en fera puni. — Monfieur, vous avez defiré de m'époufer ? BARTHOLO.
Tu connois la vivacité de mes fentimens.

ROSINE.

S'il peut vous en refter encore, je fuis à vous.

BARTHOLO.

Eh bien, le Notaire viendra cette nuit même.

ROSINE.

Ce n'eft pas tout ; ô ciel !... fuis-je affez humiliée !.... Apprenez que dans peu le perfide ofe entrer par cette jaloufie, dont ils ont eu l'art de vous dérober la clef.

BARTHOLO, *regardant au trouffeau.*

Ah, les fcélérats ! mon enfant, je ne te quitte plus.

ROSINE, *avec effroi.*

Ah ! Monfieur, & s'ils font armés ?

BARTHOLO.

Tu as raifon ; je perdrois ma vengeance. Monte chez Marceline : enferme-toi chez elle à double tour. Je vais chercher main-forte, &

l'attendre auprès de la maison. Arrêté comme voleur, nous aurons le plaisir d'en être à la fois vengés & délivrés! & compte que mon amour te dédommagera.... ROSINE, *au désespoir.*
Oubliez seulement mon erreur. (*à part.*) Ah, je m'en punis assez!
      B A R T H O L O, *s'en allant.*
Allons nous embusquer. A la fin je la tiens.   (*Il sort.*)

S C E N E IV.

R O S I N E, *seule.*

Son amour me dédommagera....Malheureuse!... (*Elle tire son mouchoir & s'abandonne aux larmes.*) Que fais-je? Il va venir. Je veux rester, & feindre avec lui, pour le contempler un moment dans toute sa noirceur. La bassesse de son procédé sera mon préservatif.... Ah! j'en ai grand besoin. Figure noble! air doux! une voix si tendre!... & ce n'est que le vil agent d'un corrupteur! Ah, malheureuse! malheureuse!.... Ciel, on ouvre la jalousie! (*Elle se sauve.*)

S C E N E V.

LE COMTE, FIGARO, *enveloppé d'un manteau paroît à la fenêtre.*

F I G A R O, *parle en dehors.*

Quelqu'un s'enfuit; entrerai-je?

L E C O M T E, *en dehors.*

Un homme?   F I G A R O.
Non.   L E C O M T E.
C'est Rosine que ta figure atroce aura mise en fuite.

F I G A R O, *saute dans la chambre.*

Ma foi, je crois.... Nous voici enfin arrivés; malgré la pluie, la foudre & les éclairs.

L E C O M T E, *enveloppé d'un long manteau.*

Donne-moi la main. (*Il saute à son tour.*) A nous la victoire.

F I G A R O, *jette son manteau.*

Nous sommes tout percés. Charmant tems pour aller en bonne fortune! Monseigneur, comment trouvez-vous cette nuit?

L E C O M T E.

Superbe pour un amant.

F I G A R O.

Oui, mais pour un confident?.... Et si quelqu'un alloit nous surprendre ici?   L E C O M T E.
N'es-tu pas avec moi? J'ai bien une autre inquiétude; c'est de la déterminer à quitter sur-le-champ la maison du Tuteur.

F I G A R O.

Vous avez pour vous trois passions toutes puissantes sur le beau sexe; l'amour, la haine & la crainte.

L E C O M T E, *regarde dans l'obscurité.*

Comment lui annoncer brusquement que le Notaire l'attend chez toi, pour nous unir? Elle trouvera mon projet bien hardi. Elle va me nommer audacieux.   F I G A R O.
Si elle vous nomme audacieux; vous l'appellerez cruelle. Les femmes aiment beaucoup qu'on les appelle cruelles. Au surplus, si son amour est tel que vous le désirez, vous lui direz qui vous êtes; elle ne doutera plus de vos sentimens.

                      S C E N E

SCENE VI.

ROSINE, LE COMTE, FIGARO.

(*Figaro allume toutes les bougies qui sont sur la table.*)

LE COMTE.

LA voici — Ma belle Rosine !...

ROSINE, *d'un ton très-composé.*

Je commençois, Monsieur, à craindre que vous ne vinssiez pas.

LE COMTE.

Charmante inquiétude !... Mademoiselle, il ne me convient point d'abuser des circonstances pour vous proposer de partager le sort d'un infortuné ; mais quelqu'asyle que vous choisissiez, je jure mon honneur....

ROSINE.

Monsieur, si le don de ma main n'avoit pas dû suivre à l'instant celui de mon cœur, vous ne seriez pas ici. Que la nécessité justifie à vos yeux ce que cette entrevue a d'irrégulier ! LE COMTE.

Vous, Rosine ! la compagne d'un malheureux, sans fortune, sans naissance !...

ROSINE.

La naissance, la fortune ! Laissons-là les jeux du hasard, & si vous m'assurez que vos intentions sont pures....

LE COMTE, *à ses pieds.*

Ah ! Rosine ? je vous adore !...

ROSINE, *indignée.*

Arrêtez, malheureux !... vous osez profaner !... Tu m'adores !... Va tu n'es plus dangereux pour moi ; j'attendois ce mot pour te détester. Mais avant de t'abandonner au remords qui t'attend, (*en pleurant*) apprends que je t'aimois ? apprends que je faisois mon bonheur de partager ton mauvais sort. Misérable Lindor ! j'allois tout quitter pour te suivre. Mais le lâche abus que tu as fait de mes bontés, & l'indignité de cet affreux Comte Almaviva, à qui tu me vendois, ont fait rentrer dans mes mains ce témoignage de ma foiblesse. Connois-tu cette lettre ?

LE COMTE, *vivement.*

Que votre Tuteur vous a remise ?

ROSINE, *fièrement.*

Oui, je lui en ai l'obligation. LE COMTE.

Dieux, que je suis heureux ! il la tient de moi. Dans mon embarras, hier, je m'en suis servi pour arracher sa confiance ; & je n'ai pu trouver l'instant de vous en informer. Ah, Rosine ! il est donc vrai que vous m'aimez véritablement !....

FIGARO.

Monseigneur, vous cherchiez une femme qui vous aimât pour vous-même....

ROSINE.

Monseigneur ! que dit-il ?

LE COMTE, *jettant son large manteau, paroît en habit magnifique.*

O la plus aimée des femmes ! il n'est plus tems de vous abuser : l'heureux homme que vous voyez à vos pieds, n'est point Lindor ; je suis le Comte Almaviva, qui meurt d'amour, & vous cherche en vain depuis six mois.

ROSINE, *tombe dans les bras du Comte.*

Ah ! LE COMTE, *effrayé.*

Figaro ? FIGARO.

Point d'inquiétude, Monseigneur ; la douce émotion de la joie n'a jamais de suites fâcheuses ; la voilà, la voilà qui reprend ses sens ; morbleu, qu'elle est belle !

ROSINE.

Ah, Lindor !... Ah, Monsieur ! que je suis coupable ! j'allois me donner cette nuit même à mon Tuteur. LE COMTE.

Vous, Rosine ?

ROSINE.

Ne voyez que ma punition ! J'aurois passé ma vie à vous détester. Ah ! Lindor ! le plus affreux supplice n'est-il pas de haïr quand on sent qu'on est faite pour aimer.

FIGARO, *regarde à la fenêtre.*

Monseigneur, le retour est fermé, l'échelle est enlevée.

LE COMTE.

Enlevée. ROSINE, *troublée.*

Oui, c'est moi... c'est le Docteur. Voilà le fruit de ma crédulité. Il m'a trompée. J'ai tout avoué, tout trahi ; il sait que vous êtes ici, & va venir avec main forte

FIGARO, *regarde encore.*

Monseigneur! on ouvre la porte de la rue.

ROSINE, *courant dans les bras du Comte avec frayeur.*

Ah , Lindor!....　LE COMTE, *avec fermeté.*

Rosine , vous m'aimez! Je ne crains personne ; & vous serez ma femme. J'aurai donc le plaisir de punir à mon gré l'odieux vieillard!

ROSINE.

Non , non , graces pour lui , cher Lindor! Mon cœur est si plein , que la vengeance ne peut y trouver place.

SCENE VII.

LES PRECEDENS. DON BAZILE, LE NOTAIRE.

FIGARO.

Monseigneur, c'est votre Notaire.

LE COMTE.

Et l'ami Bazile avec lui!

BAZILE.

Ah! qu'est-ce que j'apperçois?

FIGARO.

Eh! par quel hasard , notre ami....

BAZILE.

Par quel accident , Messieurs....

LE NOTAIRE.

Sont-ce là les futurs conjoints?

LE COMTE.

Oui, Monsieur. Vous deviez unir la Signora Rosine & moi cette nuit chez le Barbier Figaro ; mais nous avons préféré cette maison , pour des raisons que vous saurez. Avez-vous notre contrat?

LE NOTAIRE.

J'ai donc l'honneur de parler à son Excellence Monseigneur le Comte Almaviva?　FIGARO.

Précisément.　BAZILE, *à part.*

Si c'est pour cela qu'il m'a donné le passe-partout.

LE NOTAIRE.

C'est que j'ai deux contrats de mariage , Monseigneur , ne confondons point : voici le vôtre ; & c'est ici celui du Seigneur Bartholo , avec la Signora.... Rosine aussi? Les Demoiselles apparemment sont deux sœurs qui portent le même nom?

LE COMTE.

Signons toujours. Don Bazile voudra bien nous servir de second témoin. (*Ils signent.*)　BAZILE.

Mais votre Excellence.... je ne comprends pas....

LE COMTE.

Mon Maître Bazile , un rien vous embarrasse , & tout vous étonne.

BAZILE.

Monseigneur.... Mais si le Docteur....

LE COMTE, *lui jettant une bourse.*

Vous faites l'enfant! Signez donc vîte.

BAZILE, *étonné.*

Ah! ah!　FIGARO.

Où donc est la difficulté de signer?

BAZILE, *pesant la bourse.*

Il n'y en a plus ; mais c'est que moi, quand j'ai donné ma parole une fois, il faut des motifs d'un grand poids.... (*Il signe.*)

SCENE DERNIERE.

LES PRECEDENS. BARTHOLO, UN ALCADE, DES ALGUASILS, DES VALETS *avec des flambeaux.*

BARTHOLO *voit le Comte baiser la main de Rosine, & Figaro qui embrasse grotesquement D. Bazile : il crie en prenant le Notaire à la gorge.*

Rosine avec ces fripons ! arrêtez tout le monde. J'en tiens un au collet.
LE NOTAIRE.
C'est votre Notaire. BAZILE.
C'est votre Notaire. Vous moquez-vous ?
BARTHOLO.
Ah ! Don Bazile, Eh ! comment êtes-vous ici ?
BAZILE.
Mais plutôt vous, comment n'y êtes-vous pas ?
L'ALCADE, *montrant Figaro.*
Un moment, je connois celui-ci. Que viens-tu faire en cette maison, à des heures indues. FIGARO.
Heure indue ? Monsieur voit bien qu'il est aussi près du matin que du soir. D'ailleurs, je suis de la compagnie de son Excellence Monseigneur le Comte Almaviva.
BARTHOLO.
Almaviva ! - L'ALCADE.
Ce ne sont donc pas des voleurs ?
BARTHOLO.
Laissons cela.—Par-tout ailleurs, Monsieur le Comte, je suis le serviteur de votre Excellence ; Mais vous sentez que la supériorité du rang est ici sans force. Ayez, s'il vous plaît la bonté de vous retirer.
LE COMTE.
Oui, le rang doit être ici sans force ; mais ce qui en a beaucoup, est la préférence que Mademoiselle vient de m'accorder sur vous, en se donnant à moi volontairement.
BARTHOLO.
Que dit-il, Rosine ? ROSINE.
Il dit vrai. D'où nait votre étonnement ? Ne devois-je pas cette nuit même être vengée d'un trompeur ? Je le suis.
BAZILE.
Quand je vous disois que c'étoit le Comte lui-même, Docteur ?
BARTHOLO.
Que m'importe à moi ? plaisant mariage ! Où sont les témoins ?
LE NOTAIRE.
Il n'y manque rien. Je suis assisté de ces deux Messieurs.
BARTHOLO.
Comment, Bazile ! vous avez signé ?
BAZILE.
Que voulez-vous ? ce diable d'homme a toujours ses poches pleines d'argumens irrésistibles.

BARTHOLO.

Je me moque de ses argumens. J'userai de mon autorité.

LE COMTE.

Vous l'avez perdue en en abusant.

BARTHOLO.

La Demoiselle est mineure.

FIGARO.

Elle vient de s'émanciper.

LE COMTE.

Qui te parle à toi, maître fripon.

LE COMTE.

Mademoiselle est noble & belle; je suis homme de qualité, jeune & riche; elle est ma femme : à ce titre, qui nous honore également, prétend-on me la disputer? BARTHOLO.

Jamais on ne l'ôtera de mes mains.

LE COMTE.

Elle n'est plus en votre pouvoir. Je la mets sous l'autorité des Loix, & Monsieur que vous avez amené vous même, la protégera contre la violence que vous voulez lui faire. Les vrais Magistrats sont les soutiens de tous ceux qu'on opprime.

L'ALCADE.

Certainement. Et cette inutile résistance au plus honorable mariage, indique assez sa frayeur sur la mauvaise administration des biens de sa pupille, dont il faudra qu'il rende compte.

LE COMTE.

Ah! qu'il consente à tout, & je ne lui demande rien.

FIGARO.

Que la quittance de mes cent écus : ne perdons pas la tête.

BARTHOLO, *irrité.*

Ils étoient tous contre moi; je me suis fourré la tête dans un guêpier.

BAZILE.

Quel guêpier! Ne pouvant avoir la femme; calculez, Docteur, que l'argent vous reste.   BARTHOLO.

Eh laissez-moi donc en repos, Bazile, tu ne songes qu'à l'argent. Je me soucie bien de l'argent, moi! A la bonne heure, je le garde, mais croyez-vous que ce soit le motif qui me détermine? (*Il signe.*)

FIGARO, *riant.*

Ah, ah, ah! Monseigneur; ils sont de la même famille.

LE NOTAIRE.

Mais, Messieurs, je n'y comprends plus rien. Est-ce qu'elles ne font pas deux Demoiselles qui portent le même nom ?

FIGARO.

Non, Monsieur, elles ne sont qu'une.

BARTHOLO, *se désolant.*

Et moi qui leur ai enlevé l'échelle pour que le mariage fût plus sûr! Ah! je me suis perdu faute de soins.

FIGARO.

Faute de sens. Mais soyons vrais, Docteur: quand la jeunesse & l'amour sont d'accord pour tromper un vieillard; tout ce qu'il fait pour l'empêcher, peut bien s'appeller à bon droit la *Précaution inutile*.

FIN. 28

www.ingramcontent.com/pod-product-compliance
Lightning Source LLC
LaVergne TN
LVHW022024080426
835513LV00009B/871